大般涅槃经

中国佛学经典宝藏

114

高振农 释译

星云大师总监修

人民东方出版传媒
東方出版社

《中国佛学经典宝藏》
大陆简体字版编审委员会

总序

星云

自读首楞严，从此不尝人间糟糠味；

认识华严经，方知已是佛法富贵人。

诚然，佛教三藏十二部经有如暗夜之灯炬、苦海之宝筏，为人生带来光明与幸福，古德这首诗偈可说一语道尽行者阅藏慕道、顶戴感恩的心情！可惜佛教经典因为卷帙浩瀚、古文艰涩，常使忙碌的现代人有义理远隔、望而生畏之憾，因此多少年来，我一直想编纂一套白话佛典，以使法雨均沾，普利十方。

一九九一年，这个心愿总算有了眉目。是年，佛光山在广州市召开“白话佛经编纂会议”，将该套丛书定名为《中国佛教经典宝藏》[①]。后来几经集思广益，大家决

① 编者注：《中国佛教经典宝藏》丛书，大陆出版时改为《中国佛学经典宝藏》丛书。

定其所呈现的风格应该具备下列四项要点：

一、启发思想：全套《中国佛教经典宝藏》共计百余册，依大乘、小乘、禅、净、密等性质编号排序，所选经典均具三点特色：

1. 历史意义的深远性

2. 中国文化的影响性

3. 人间佛教的理念性

二、通顺易懂：每册书均设有原典、注释、译文等单元，其中文句铺排力求流畅通顺，遣词用字力求深入浅出，期使读者能一目了然，契入妙谛。

三、文简意赅：以专章解析每部经的全貌，并且搜罗重要的章句，介绍该经的精神所在，俾使读者对每部经义都能透彻了解，并且免于以偏概全之谬误。

四、雅俗共赏：《中国佛教经典宝藏》虽是白话佛典，但亦兼具通俗文艺与学术价值，以达到雅俗共赏、三根普被的效果，所以每册书均以题解、源流、解说等章节，阐述经文的时代背景、影响价值及在佛教历史和思想演变上的地位角色。

兹值佛光山开山三十周年，诸方贤圣齐来庆祝，历经五载、集二百余人心血结晶的百余册《中国佛教经典宝藏》也于此时隆重推出，可谓意义非凡，论其成就，则有四点可与大家共同分享：

一、佛教史上的开创之举：民国以来的白话佛经翻译虽然很多，但都是法师或居士个人的开示讲稿或零星的研究心得，由于缺乏整体性的计划，读者也不易窥探佛法之堂奥。有鉴于此，《中国佛教经典宝藏》丛书突破窠臼，将古来经律论中之重要著作，做有系统的整理，为佛典翻译史写下新页！

二、杰出学者的集体创作：《中国佛教经典宝藏》丛书结合北京、南京各地名校的百位教授、学者通力撰稿，其中博士学位者占百分之八十，其他均拥有硕士学位，在当今出版界各种读物中难得一见。

三、两岸佛学的交流互动：《中国佛教经典宝藏》撰述大部分由大陆饱学能文之教授负责，并搜录台湾教界大德和居士们的论著，借此衔接两岸佛学，使有互动的因缘。编审部分则由台湾和大陆学有专精之学者从事，不仅对大陆研究佛学风气具有带动启发之作用，对于海峡两岸佛学交流更是帮助良多。

四、白话佛典的精华集萃：《中国佛教经典宝藏》将佛典里具有思想性、启发性、教育性、人间性的章节做重点式的集萃整理，有别于坊间一般“照本翻译”的白话佛典，使读者能充分享受“深入经藏，智慧如海”的法喜。

今《中国佛教经典宝藏》付梓在即，吾欣然为之作序，并借此感谢慈惠、依空等人百忙之中，指导编修；吉广舆等人奔走两岸，穿针引线；以及王志远、赖永海等大陆教授的辛勤撰述；刘国香、陈慧剑等台湾学者的周详审核；满济、永应等“宝藏小组”人员的汇编印行。由于他们的同心协力，使得这项伟大的事业得以不负众望，功竟圆成！

《中国佛教经典宝藏》虽说是大家精心擘画、全力以赴的巨作，但经义深邈，实难尽备；法海浩瀚，亦恐有遗珠之憾；加以时代之动乱，文化之激荡，学者教授于契合佛心，或有差距之处。凡此失漏必然甚多，星云谨以愚诚，祈求诸方大德不吝指正，是所至祷。

一九九六年五月十六日于佛光山

原版序
敲门处处有人应

慈惠

《中国佛教经典宝藏》是佛光山继《佛光大藏经》之后，推展人间佛教的百册丛书，以将传统《大藏经》精华化、白话化、现代化为宗旨，力求佛经宝藏再现今世，以通俗亲切的面貌，温渥现代人的心灵。

佛光山开山三十年以来，家师星云上人致力推展人间佛教，不遗余力，各种文化、教育事业蓬勃创办，全世界弘法度化之道场应机兴建，蔚为中国现代佛教之新气象。这一套白话精华大藏经，亦是大师弘教传法的深心悲愿之一。从开始构想、擘画到广州会议落实，无不出自大师高瞻远瞩之眼光，从逐年组稿到编辑出版，幸赖大师无限关注支持，乃有这一套现代白话之大藏经问世。

这是一套多层次、多角度、全方位反映传统佛教文化的丛书，取其精华，舍其艰涩，希望既能将《大藏经》

深睿的奥义妙法再现今世，也能为现代人提供学佛求法的方便舟筏。我们祈望《中国佛教经典宝藏》具有四种功用：

一、是传统佛典的精华书

中国佛教典籍汗牛充栋，一套《大藏经》就有九千余卷，穷年皓首都研读不完，无从赈济现代人的枯槁心灵。《宝藏》希望是一滴浓缩的法水，既不失《大藏经》的法味，又能有稍浸即润的方便，所以选择了取精用弘的摘引方式，以舍弃庞杂的枝节。由于执笔学者各有不同的取舍角度，其间难免有所缺失，谨请十方仁者鉴谅。

二、是深入浅出的工具书

现代人离古愈远，愈缺乏解读古籍的能力，往往视《大藏经》为艰涩难懂之天书，明知其中有汪洋浩瀚之生命智慧，亦只能望洋兴叹，欲渡无舟。《宝藏》希望是一艘现代化的舟筏，以通俗浅显的白话文字，提供读者遨游佛法义海的工具。应邀执笔的学者虽然多具佛学素养，但大陆对白话写作之领会角度不同，表达方式与台湾有相当差距，造成编写过程中对深厚佛学素养与流畅白话语言不易兼顾的困扰，两全为难。

三、是学佛入门的指引书

佛教经典有八万四千法门，门门可以深入，门门是无限宽广的证悟途径，可惜缺乏大众化的入门导览，不易寻觅捷径。《宝藏》希望是一支指引方向的路标，协助十方大众深入经藏，从先贤的智慧中汲取养分，成就无上的人生福泽。

四、是解深入密的参考书

佛陀遗教不仅是亚洲人民的精神皈依，也是世界众生的心灵宝藏。可惜经文古奥，缺乏现代化传播，一旦庞大经藏沦为学术研究之训诂工具，佛教如何能扎根于民间？如何普济僧俗两众？我们希望《宝藏》是百粒芥子，稍稍显现一些须弥山的法相，使读者由浅入深，略窥三昧法要。各书对经藏之解读诠释角度或有不足，我们开拓白话经藏的心意却是虔诚的，若能引领读者进一步深研三藏教理，则是我们的衷心微愿。

大陆版序一

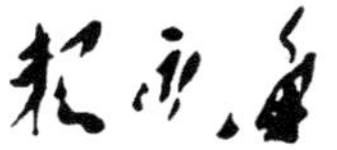

《中国佛教经典宝藏》是一套对主要佛教经典进行精选、注译、经义阐释、源流梳理、学术价值分析，并把它们翻译成现代白话文的大型佛学丛书，成书于二十世纪九十年代，由台湾佛光文化事业有限公司出版，星云大师担任总监修，由大陆的杜继文、方立天以及台湾的星云大师、圣严法师等两岸百余位知名学者、法师共同编撰完成。十几年来，这套丛书在两岸的学术界和佛教界产生了巨大的影响，对研究、弘扬作为中国传统文化重要组成部分的佛教文化，推动两岸的文化学术交流发挥了十分重要的作用。

《中国佛学经典宝藏》则是《中国佛教经典宝藏》的简体字修订版。之所以要出版这套丛书，主要基于以下的考虑：

首先，佛教有三藏十二部经、八万四千法门，典籍浩瀚，博大精深，即便是专业研究者，穷其一生之精力，恐也难阅尽所有经典，因此之故，有“精选”之举。

其次，佛教源于古印度，汉传佛教的经论多译自梵语；加之，代有译人，版本众多，或随音，或意译，同一经文，往往表述各异。究竟哪一种版本更契合读者根机？哪一个注疏对读者理解经论大意更有助益？编撰者除了标明所依据版本外，对各部经论之版本和注疏源流也进行了系统的梳理。

再次，佛典名相繁复，义理艰深，即便识得其文其字，文字背后的义理，诚非一望便知。为此，注译者特地对诸多冷僻文字和艰涩名相，进行了力所能及的注解和阐析，并把所选经文全部翻译成现代汉语。希望这些注译，能成为修习者得月之手指、渡河之舟楫。

最后，研习经论，旨在借教悟宗、识义得意。为了将其思想义理和现当代价值揭示出来，编撰者对各部经论的篇章品目、思想脉络、义理蕴涵、学术价值等所做的发掘和剖析，真可谓殚精竭虑、苦心孤诣！当然，佛理幽深，欲入其堂奥、得其真义，诚非易事！我们不敢奢求对于各部经论的解读都能鞭辟入里，字字珠玑，但希望能对读者的理解经义有所启迪！

习近平主席最近指出：“佛教产生于古代印度，但传入中国后，经过长期演化，佛教同中国儒家文化和道家文化融合发展，最终形成了具有中国特色的佛教文化，给中国人的宗教信仰、哲学观念、文学艺术、礼仪习俗等留下了深刻影响。”如何去研究、传承和弘扬优秀佛教文化，是摆在我们面前的一个重要课题，人民东方出版传媒有限公司拟对繁体字版的《中国佛教经典宝藏》进行修订，并出版简体字版的《中国佛学经典宝藏》，随喜赞叹，寥寄数语，以叙因缘，是为序。

二〇一六年春于南京大学

大陆版序二

依昱

身材高大、肤色白皙、擅长军事的雅利安人，在公元前一千五百多年从中亚攻入西北印度，把当地土著征服之后，为了彻底统治这里的人民，建立了牢不可破的种姓制度，创造了无数的神祇，主要有创造神梵天、破坏神湿婆、保护神毗婆奴。人们的祸福由梵天决定，为了取悦梵天大神，需要透过婆罗门来沟通，因为他们是从梵天的口舌之中生出，懂得梵天的语言——繁复深奥的梵文，婆罗门阶级是宗教祭祀师，负责教育，更掌控了神与人之间往来的话语权。四种姓中最重要的是刹帝利，举凡国家的政治、经济、军事、文化等都由他们实际操作，属贵族阶级，由梵天的胸部生出。吠舍则是士农工商的平民百姓，由梵天的膝盖以上生出。首陀罗则是被踩在梵天脚下的土著。前三者可以轮回，纵然几世轮转都无法脱离原来种姓，称为再生族；首陀罗则连轮回的因缘都没有，为不生族，生生世世为首陀罗，子孙也倒霉跟着宿命，无法改变身份。相对于此，贱民比首陀罗更为卑微、低贱，连四种姓都无法跻身其中，只能从事挑粪、焚化尸体等最卑贱、龌龊的工作。

出身于高贵种姓释迦族的悉达多太子，为了打破种姓制度的桎梏，舍弃既有的优越族姓，主张一切众生皆平等，成正等觉，创立了佛教僧团。为了贯彻佛教的平等思想，佛陀不仅先度首陀罗身份的优婆离出家，后度释迦族的七王子，先入山门为师兄，树立僧团伦理制度。佛陀更严禁弟子们用贵族的语言——梵文宣讲佛法，而以人民容易理解的地方口语来演说法义，这就是巴利文经典的滥觞。佛陀认为真理不应该是属于少数贵族、知识分子的专利或装饰，而应该更贴近普罗大众，属于平民百姓共有共知。原来佛陀早就在推动佛法的普遍化、大众化、白话化的伟大工作。

佛教从西汉哀帝末年传入中国，历经东汉、魏晋南北朝、隋唐的漫长艰巨的译经过程，加上历代各宗派祖师的著作，积累了庞博浩瀚的汉传佛教典籍。这些经论义理深奥隐晦，加以书写的语言文字为千年以前的古汉文，增加现代人阅读的困难，只能望着汗牛充栋的三藏十二部扼腕慨叹，裹足不前。

如何让大众轻松深入佛法大海，直探佛陀本怀？佛光山开山宗长星云大师乃发起编纂《中国佛教经典宝藏》。一九九一年，先在广州召开“白话佛经编纂会议”，订定一百本的经论种类、编写体例、字数等事项，礼聘中国社科院的王志远教授、南京大学的赖永海教授分别为大陆北方与南方的总联络人，邀请大陆各大学的佛教学者撰文，后来增加台湾部分的三十二本，是为一百三十二册的《中国佛教经典宝藏精选白话版》，于一九九七年，作为佛光山开山三十周年的献礼，隆重出版。

六七年间我个人参与最初的筹划，多次奔波往来于大陆与台湾，小心谨慎带回作者原稿，印刷出版、营销推广。看到它成为佛教徒家中的传家宝藏，有心了解佛学的莘莘学子的入门指南书，为星云大师监修此部宝藏的愿心深感赞叹，既上契佛陀“佛法不舍一众”的慈悲本怀，更下启人间佛教“普世益人”的平等精神。尤其可喜者，欣闻现大陆出版方东方出版社潘少平总裁、彭明哲副总编亲自担纲筹划，组织资深编辑精校精勘；更有旅美企业家鲁彼德先生事业有成之际，秉“十方来，十方去，共成十方事”之襟怀，促成简体字版《中国佛学经典宝藏》的刊行。今付梓在即，是为序，以表随喜祝贺之忱！

二〇一六年元月

目　录

题解

《大般涅槃经》，亦称《大本涅槃经》或《大涅槃经》，简称《涅槃经》。北凉昙无谶译，四十卷。佛教经录家把它列为大乘五大部经之一。

《大涅槃经》在印度出现的年代，一般认为是在公元三世纪至四世纪之间（一说在公元二世纪至三世纪之间），亦即东晋法显在印度华氏城（摩揭陀国首都）所得梵本之前。其时正当印度笈多王朝兴起，佛教受到排斥的时期。产生的地点，约在今克什米尔地区。

从汉藏文译本及有关文献看，此经全文有二万五千颂，分为前后两分。前分四千颂，这就是东晋法显五世纪初（公元四〇一至四〇三年）于中印度华氏城一个婆罗门家抄出来的。后来与佛驮跋陀罗共同译出，名《大般泥洹经》，六卷。此经相当于原本《一切大众所问品》

的一品。以后义净于印度所见的是这一品，九世纪时西藏译出的也是这一品。

后分二万多颂，是北凉昙无谶由西域传入的，后来译为《大般涅槃经》，四十卷。这一部分，似乎在印度没有广为流传。由于此经不是一时所出，而是前后两分，分别流通，因此主题虽同，解释却有出入，这说明它们分别反映了不同时代社会的特征。

根据各种经录所载，此经的汉译本，前后共有十五种。但比较可信的，此经最早在中国的译本是东汉支娄迦谶所译的《梵般泥洹经》二卷（《出三藏记集》作《胡般泥洹经》一卷）。其后三国魏安法贤译有《大般涅槃经》二卷，三国吴支谦译有《大般泥洹经》二卷。这三种译本，早已逸失。东晋法显与佛驮跋陀罗所译《大般泥洹经》，共有六卷，相当于昙无谶译本的前十卷。此后数年，在北凉玄始十年（公元四二一年），才有天竺三藏昙无谶依沮渠蒙逊之请，译出《大般涅槃经》为三十六卷，后作四十卷。

宋元嘉七年（公元四三〇年），此四十卷本《大般涅槃经》由凉地传至江南建业（今南京），时有名僧慧严、慧观等因其文言质朴而品数疏简，乃与谢灵运等以此译本为主加以修治，并依法显等译六卷《大般泥洹经》增加品目，从原本《寿命品》分出为《序品》《纯陀》《哀叹》

《长寿》等四品，由《如来性品》分出为《四相》《四依》《邪正》《四谛》《四倒》《如来性》《文字》《鸟喻》《月喻》《菩萨》等十品，改为二十五品，三十六卷，亦名《大般涅槃经》。世称此为《南本涅槃经》，而以昙无谶原译本为《北本涅槃经》。

此经藏文译本有二种：一名《大般涅槃经》，是由王宝顺、善慧、海军根据汉译大本的重译，相当于此经四十卷本的全部和《大涅槃经后分》二卷。另一名《大乘大涅槃经》，系由胜友、智藏、天月从梵文译本译出，其内容相当于法显所译《大般泥洹经》六卷或昙无谶所译四十卷本的前五品，即《寿命品》至《一切大众所问品》。

此经的梵文残篇在日本、中亚等地都有发现，并已刊行。

此经的内容，分为十三品，即：《寿命品》《金刚身品》《名字功德品》《如来性品》《一切大众所问品》《现病品》《圣行品》《梵行品》《婴儿行品》《光明遍照高贵德王菩萨品》《师子吼菩萨品》《迦叶菩萨品》《憍陈如品》等。其义理非常丰富，主要阐述佛身常住不灭，涅槃，常乐我净，一切众生悉有佛性，一阐提和声闻、辟支佛均得成佛等大乘佛教思想。

该经以《阿含经》《法句经》为始，并援引《首楞严经》《瞿师罗经》《摩诃般若波罗蜜经》《妙法莲华经》《城经》《杂华经》等多种。从其内容上看，其理论似与部派佛教中的大众部义理颇有契合之处，与《摩诃般若波罗蜜经》《妙法莲华经》的重要思想也有一致的地方，与《华严经》的思想也相通。可见《涅槃经》受这些经的影响不小。

此经在印度本土流传似乎不是很广，但传入中国后，在中国佛教发展史上却具有相当重要的地位，影响甚大。由于道生的提倡，南北朝时期很快就出现了一批弘传此经的涅槃师，并竞作注疏（详见本书《源流》部分）。特别是此经对中国佛教的教相判释有决定性的影响。

由于此经提到半字、满字，以牛乳五味等比喻佛说法的深浅先后，由此启发了中国佛教学者对释迦的说法，进行教相判释。首先是道场寺慧观立二教（顿教、渐教；一说为三教：顿、渐、不定）五时（三乘别教、三乘通教、抑扬教、同归教、常住教），以《涅槃经》为最完善的经教。

道生则主张佛所说法不出四种法轮（善净法轮、方便法轮、真实法轮、无余法轮），也把《涅槃经》看成是佛说的最高阶段。

其后僧亮、僧众等也都以《涅槃经》中的五味之说，以区分如来一代教法。至隋代天台宗的智𫖮，则依此经《圣行品》的经义，立五时教（华严时、阿含时、方等时、般若时、法华涅槃时）和天台四教（藏、通、别、圆），以《涅槃经》为“第五时教”和“圆教”。

由于在中国大、小乘佛典同时流行，因此判教说在中国佛教宗派的理论上占有十分重要的地位。而《涅槃经》为教相判释说的建立，提供了理论根据，由此可以看出此经在中国佛学发展史上的地位。同时由于各家教判都以《涅槃经》为最高、最完善的经教，从而在中国佛教流传史上，《涅槃经》渐渐被看成为佛陀最后最高的教说。

这里选录的几章，是从日本《大正新修大藏经》中节选出来的，它属于《大般涅槃经》的重要理论部分，即佛身常住不灭，涅槃，常乐我净，一切众生悉有佛性，一阐提和声闻、辟支佛均得成佛等有关大乘佛教思想的部分。其中：

第一章，选自本经《寿命品第一之二》。主要内容为阐述佛陀临涅槃时，纯陀请佛住世，佛为说涅槃法及无常、苦、空、无我义，了知常、乐、我、净，离四颠倒等义理。

第二章，选自本经《金刚身品第二》。主要内容是佛为迦叶宣说如来法身常住、金刚不坏等义理。

第三章，选自本经《如来性品第四之七》。主要阐述佛性无差别等义理。

第四章，选自本经《光明遍照高贵德王菩萨品第十之三》。主要阐述涅槃、常乐我净等义理。

第五章，选自本经《师子吼菩萨品第十一之一》。主要阐述一切众生悉有佛性，如来常住无有变异等思想。

第六章，选自本经《迦叶菩萨品第十二之一》。主要阐述一阐提辈不断佛性等义理。

第七章，选自本经《迦叶菩萨品第十二之四》。主要阐述佛性、一阐提成佛等义理。

以上七章，文字虽不多，但大体上可以包含四十卷《大般涅槃经》中的主要义理。其他未选部分尚有很多，其内容都是与涅槃有关的，如对于一切菩萨问难的解答，对于大乘佛教基本理论概念的阐述，宣说《大般涅槃经》的名义及所具的功德等。

《大般涅槃经》有多种译本，故译者亦有多人。但较为流行的译本主要有三种，即《大般泥洹经》《北本涅槃经》和《南本涅槃经》。现对这三种译本的译者做些简要的介绍。

《大般泥洹经》的译者法显和佛驮跋陀罗

法显（约公元三三七—四二二年），东晋僧人。俗姓龚。平阳郡武阳（今山西临汾）人。三岁出家做沙弥，二十岁受具足大戒。因慨叹律藏残缺，从而矢志寻求。东晋隆安三年（公元三九九年；一说隆安四年）和同学慧景、道整、慧应、慧嵬等从长安出发，到印度求法。遍历北、西、中、东印度，得《摩诃僧祇律》、《萨婆多律抄》、《杂阿毗昙心论》、《方等般泥洹经》及《摩诃僧祇阿毗昙》等梵本。

后到师子国（今斯里兰卡），又获《弥沙塞律》、《杂阿含经》和《杂藏经》等梵经。后附商船回国，于义熙八年（公元四一二年）达青州长广郡牢山（今山东青岛崂山）。前后凡十四年，历游三十余国，携回许多梵本佛经。翌年到达建康（今江苏南京），后即在道场寺与佛驮跋陀罗共译六卷本《大般泥洹经》。

此外，还先后译出《摩诃僧祇律》《僧祇比丘戒本》《僧祇尼戒本》等。又将旅行见闻撰成《佛国记》(即《法显传》)，对研究当时的中外交通和中亚、南亚诸国的历史、宗教、地理、文化、社会情况都有很大的价值，目前已被译成多种文字出版。

佛驮跋陀罗（Buddhabhadra，公元三五九—四二九年），后秦时来华印度僧人。亦称佛大跋陀，意译觉贤、佛贤。古印度迦毗罗卫国（今尼泊尔境内）人，族姓释迦。十七岁出家，以禅律驰名。曾与同学僧迦达多游罽宾，与东晋僧人智严同在大禅师佛大先（觉军）门下受禅法。后受智严之邀，来到长安。因与鸠摩罗什门徒不和，被迫与弟子慧观等四十余人至庐山，备受慧远欢迎。在庐山译出《达磨多罗禅经》二卷。

东晋义熙八年（公元四一二年）赴荆州，其后又到建康，与法显等在道场寺译出《大般泥洹经》六卷。同时还译出《摩诃僧祇律》四十卷、《大方广佛华严经》六十卷及《新无量寿经》等共十三部，一百二十五卷。其中《华严经》六十卷，后世通称《晋译华严》或《六十华严》，对中国佛学的影响很大。

《北本涅槃经》的译者昙无谶

昙无谶（公元三八五—四三三年），又作昙无忏、昙摩谶、昙牟谶、昙无罗谶、昙谟忏，意译法丰。北凉僧人。中印度人，婆罗门出身。幼出家，初学小乘教法，兼习五明，讲说精辩，应答善巧。后遇白头禅师，得到树皮之《大般涅槃经》，自感惭愧，改而专学大乘。

年至二十，能诵大、小乘经二百余万言，又善咒术，西域称为“大咒师”。后携《大般涅槃经》前分和《菩萨戒经》（即唐玄奘译《瑜伽师地论·菩萨地》）、《菩萨戒本》等入罽宾，又至龟兹，因此二地人多学小乘，不信《涅槃经》，遂至敦煌。

北凉玄始元年（公元四一二年），被北凉王沮渠蒙逊迎入姑臧，待之甚厚。在此学习汉语三年后，即着手翻译《涅槃经》之前分。当时以河西沙门慧嵩、道朗为助手。因《涅槃经》之品数不足，乃还至本国寻求，嗣于于阗寻得《涅槃经》之余品，回到姑臧继续翻译，合成三十六卷（今存者为四十卷）。

其间并应慧嵩、道朗之请，先后译出《大方等大集经》三十卷、《金光明经》四卷、《菩萨地持经》八卷、《优婆塞戒经》七卷、《大云经》四卷、《菩萨戒本》一卷等。其所译经典，各种经录的记载不尽相同，《出三藏记集》谓其译经十一部，一百一十七卷；《大唐内典录》则作二十四部，一百五十一卷。

据史书记载，北魏太武帝拓跋焘闻昙无谶有道术，遣使向蒙逊强索，蒙逊不得已而放行，然又恐其为魏所用，乃派遣刺客于途中杀害之。世寿四十九。

《南本涅槃经》的译者慧严、慧观、谢灵运

慧严（公元三六三—四四三年），南朝宋僧人。俗姓范，豫州（今安徽）人。幼读儒书。十六岁出家，深究佛理。闻鸠摩罗什至关中，即从之受学。因深解经论，又善于言说，受到缁素的敬崇。罗什示寂后，回到建康东安寺，为宋高祖所重。文帝在位时，亦常向之问法。曾与慧观、谢灵运等合译《南本涅槃经》。此外还撰有《无生灭论》及《老子略注》等。元嘉二十年（公元四四三年）示寂于东安寺，世寿八十一。

慧观，生卒年不详。南朝宋僧人。俗姓崔，清河（今山东清平）人。弱冠出家。鸠摩罗什入关中，即从之受学，深得罗什赏识，时人称“通情则生（道生）、融（道融）上首，精难则观（慧观）、肇（僧肇）第一”。

未久，随佛驮跋陀罗出关至庐山，深服慧远之高风。东晋义熙八年（公元四一二年）又随从佛驮跋陀罗至荆州。后至建康居道场寺，敷扬法化。又精研《十诵律》，兼善老庄。曾与慧严、谢灵运合译《南本涅槃经》，并制《涅槃经序》。其所立二教五时教判，极为后世所重视。

他反对道生所倡之顿悟义，主张渐次修行之渐悟

义。于元嘉年间（公元四二四—四五三年）示寂，世寿七十一。其著作尚有《法华宗要序》《修行地不净观序》《胜鬘经序》等。

谢灵运（公元三八五—四三三年），南朝宋诗人。陈郡阳夏（今河南太康）人，移籍会稽。幼时寄养于外，族人名之为客儿，世称谢客。好学博览，工于书画，善诗文，纵横俊发，独步江左。曾任永嘉太守、侍中、临川内史等职。秉性自高而敢言，招致毒妒而不自知。后以权贵挟恨陷害被徙广州，于元嘉十年（公元四三三年）被杀，时年四十九。幼皈三宝，深入经藏。尝从道生游，服膺顿悟之义。又曾至庐山参礼慧远，共结白莲社，为作《净土咏》。

对佛教贡献最大的是与慧严、慧观合译《南本涅槃经》。涅槃之学、顿悟之说，之所以能弘布于当时，与谢灵运的弘传分不开。其著作尚有《金刚般若经注》《涅槃经疏》等。

经典

1 寿命品第一之二

原典

尔时，会中有优婆塞[①]，是拘尸那城[②]工巧[③]之子，名曰纯陀，与其同类十五人俱，为令世间得善果[④]故，舍身威仪[⑤]从座而起，偏袒右肩[⑥]右膝着地，合掌向佛悲泣堕泪，顶礼佛足而白佛言：唯愿世尊[⑦]及比丘[⑧]僧，哀受我等最后供养[⑨]，为度无量诸众生[⑩]故。

世尊！我等从今无主无亲，无救无护，无归无趣，贫穷饥困。欲从如来求将来食，唯愿哀愍受我微供，然后乃入于般涅槃[⑪]。

世尊！譬如刹利[⑫]，若婆罗门[⑬]、毗舍、首陀[⑭]，以贫穷故，远至他国，役力农作，得好调牛，良田平正，无诸沙卤、恶草、株杌，唯悕天雨。言调牛者，喻身口七[15]，良田平正喻于智慧[16]，除去沙卤、恶草、株杌喻除烦恼[17]。

世尊！我今身有调牛、良田，除去株杌，唯悕如来[18]甘露法雨[19]。贫四姓[20]者，即我身是贫于无上法[21]之财宝。唯愿哀愍除断我等贫穷困苦，拯及无量苦恼众生。我今所供虽复微少，冀得充足如来大众。我今无主、无亲、无归，愿垂矜愍如罗睺罗[22]。

注释

①**优婆塞：**梵文 Upāsaka 的音译，亦译“乌波索迦”“优波娑迦”“伊蒲塞”等。意思是“清信士”“近事男”“近善男”等。指皈依三宝、受过五戒的在家男居士，亦泛称一切在家的佛教男信徒。

②**拘尸那城：**梵文 Kuśinagara 的音译，亦译“拘尸那迦”“拘尸那揭罗”等。意思是“角城”“茅城”等。佛教圣地。相传为释迦牟尼佛在世时末罗国的都城，约当今印度联合邦的迦夏城，为释迦牟尼佛涅槃圆寂之地。

③**工巧：**指能工巧匠。

④**善果：**谓根据善业所招的善妙结果。

⑤**身威仪：**“威仪”，谓威德和仪则，即威严端正的仪容。“身威仪”，即身体仪容端正。

⑥**偏袒右肩：**谓僧人所着袈裟偏露于右肩一边，表示对尊者之恭敬。

⑦**世尊：**对释迦牟尼佛的尊称。因释迦牟尼佛具备众德，为世所尊重，故称“世尊”。

⑧**比丘：**梵文Bhikṣu的音译，又译“苾刍”“煏刍”“备刍”等，意思是“乞士”“乞士男”“薰士”等。指出家后受过具足戒的男僧。

⑨**供养：**亦称“供给”“供施”等。即以香花、明灯、饮食、衣服等供佛、菩萨及僧人等。

⑩**众生：**亦称“有情”。佛教称由五蕴和合而成，为无明烦恼所覆，流转于生死者为众生。

⑪**般涅槃：**梵文Parinirvāṇa的音译，亦译“涅槃”“泥洹”“般泥洹”“泥曰”等，意译“灭”“灭度”“寂灭”“圆寂”等。是佛教全部修习所要达到的最高理想境界，一般指熄灭生死轮回而后获得的一种精神境界。

⑫**刹利：**刹帝利。古代印度四种姓之一，为掌握军政的国王和武士。

⑬**婆罗门：**古代印度四种姓之一，为掌握祭祀文化教育的僧侣。

⑭**毗舍、首陀：**古代印度四种姓中的两个种姓。“毗舍”，亦称“吠舍”，为商人、手工业者、农民等。“首陀”，即“首陀罗”，为受雇佣劳动者和奴隶。

⑮**身口七**：十善业道中的善身业和善口业。善身业有三，即不杀、不盗、不邪淫；善口业有四，即不妄语、不绮语、不两舌、不恶口。二者合起来谓之“身口七”。

⑯**智慧**：梵文Prajñā，音译“般若”。即修习八正道、诸波罗蜜等，而显现之真实体悟，明见一切事物都是无常、无我，由此而解脱一切烦恼与障碍。不同于一般世间的聪明才智。

⑰**烦恼**：亦称“惑”，为扰乱众生身心使发生迷惑、苦恼等精神现象的总称。

⑱**如来**：佛的十种名号之一。“如”即“如实”“真如”，指佛所说的佛教真理，循此真如即能达到佛的觉悟，故名。

⑲**甘露法雨**：“甘露”，亦称“天酒”“美露”，因其味甘如蜜，故名“甘露”，传为天人所食。“法雨”，佛法微妙，能滋润众生，譬之为雨，故称“法雨”。

⑳**四姓**：四种姓，谓婆罗门、刹帝利、吠舍、首陀罗。

㉑**无上法**：涅槃。因一切法中没有一法能超过涅槃的，故称之为“无上法”。

㉒**罗睺罗**：亦称“罗护罗”“罗怙罗”，意为“覆障”“障月”“执月”，也称“罗云”。为释迦牟尼佛在俗时之子。

后随释迦出家做沙弥，最后成为“十大弟子”之一，被称为“密行第一”。

译文

这时候，集会中有一位佛教居士，是古印度拘尸那迦城一位工匠的儿子，名叫纯陀，和他的同伴十五人一起，为了使人世间所有的人都得到善妙之果，不顾仪容是否端正，从座位上站起来，身披袈裟，袒露右肩，右膝跪在地上，双手合掌向佛陀悲伤地哭泣，五体投地以头顶礼佛足而对佛陀说：但愿佛世尊以及各位大德，哀悯地接受我们最后的供养，以便度脱无量无数的一切众生。

世尊！我们从今以后，无主人可依，无亲属可靠，没有救护之人，没有归宿之处，贫穷饥饿，困苦之极。因此想要从世尊那里求得将来的身心快乐和幸福，愿世尊怜悯我们，接受我们微薄的供养，然后再离开人世，入于般涅槃。

世尊！譬如刹帝利、婆罗门、吠舍、首陀罗四种种姓的人，因为贫穷，远走他乡，努力耕作，得到驯良的牛，田地非常平正，没有任何沙丘、盐碱、杂草和荆棘，只是希望天下甘雨。所谓调牛，是比喻十善业道中的善身业和善口业等七种；良田平正比喻得到了最高智慧；除去沙丘、盐碱、杂草和荆棘，比喻已破除了一切烦恼。

世尊！我现在已有了善身业和善口业，已经得了最高智慧，已经破除了一切烦恼，只是希望如来能降下甘露，普施法雨，进一步滋润我们。所谓贫穷的四种姓，就是比喻我身还是贫穷，缺乏像无上法门这样的财宝。因此，只愿世尊能怜悯我们，断灭我们对于无上法门贫穷的困难和痛苦，以拯救无数无量的苦恼众生。我今天所供养的虽然极为微少，但却希望能满足如来和各位大德。我现在已无依无靠，无有归宿之处，愿世尊能够怜悯我们，就像对待佛陀亲骨肉罗睺罗尊者一样。

原典

尔时，世尊、一切种智[①]、无上[②]、调御[③]告纯陀曰：善哉！善哉！我今为汝除断贫穷，无上法雨雨汝身田[④]，令生法芽[⑤]。汝今于我欲求寿命、色、力、安、辩[⑥]，我当施汝常命、色、力、安、无碍辩。

何以故？纯陀！施食[⑦]有二，果报[⑧]无差。何等为二？一者，受已得阿耨多罗三藐三菩提[⑨]；二者，受已入于涅槃。我今受汝最后供养，令汝具足檀波罗蜜[⑩]。

尔时，纯陀即白佛言：如佛所说二施果报无差别者，是义不然。何以故？先受施者烦恼未尽，未得成就一切种智，亦未能令众生具足檀波罗蜜。后受施者烦恼已尽，已得成就一切种智，能令众生普得具足檀波罗蜜。先受施者直是众生，后受施者是天中天⑪。先受施者是杂食身⑫、烦恼之身，是后边身⑬，是无常身⑭。后受施者无烦恼身、金刚之身⑮、法身⑯、常身、无边之身⑰。云何而言二施果报等无差别？

先受施者未能具足檀波罗蜜乃至般若波罗蜜，唯得肉眼⑱，未得佛眼⑲乃至慧眼⑳。后受施者已得具足檀波罗蜜乃至般若波罗蜜，具足佛眼乃至慧眼。云何而言二施果报等无差别？世尊！先受施者受已食啖入腹消化，得命㉑、得色、得力、得安、得无碍辩。后受施者不食、不消，无五事果㉒。云何而言二施果报等无差别？

注释

①**一切种智：**佛智。谓能以一种之智，知一切诸佛之道法，知一切众生之因果等。这里指佛的十号之一。

②**无上：**无上士，佛十号之一。谓佛是世间最尊贵的人，至高无上，故名无上士。

③**调御：**调御丈夫，佛十号之一。谓佛善于说教，

并能引导世间丈夫（修行者）通往涅槃，故名调御丈夫。

④**身田：**谓身能生起善业、恶业，好比田地能长庄稼，故名身田。

⑤**法芽：**佛法之根芽。

⑥**寿命、色、力、安、辩：**以食施僧所得的五种利益。“色”指色泽，“力”谓力用，“安”谓安乐，“辩”谓无碍辩才。

⑦**施食：**谓供养斋食于僧人和施饿鬼以食。此处指以斋食供养佛。

⑧**果报：**梵文 Vipāka 的意译。亦译异熟、异熟果等。即由过去的业因造成现在的结果。

⑨**阿耨多罗三藐三菩提：**梵文AnuttarāSamyaksaṃbodhiḥ的音译。意译“无上正等正觉”，旧译“无上正遍知”等。谓能觉知佛教一切真理，并能如实了知一切事物的一种最高智慧。这种智慧，唯佛具有，所以也称佛智。

⑩**檀波罗蜜：**六波罗蜜之一，即檀那波罗蜜。意译为布施度，即布施之大行。

⑪**天中天：**佛之尊号。意谓佛是天中之至极，为天所尊重。

⑫**杂食身：**意谓以各种食物滋养之身。

⑬**后边身：**指尚有生死之穷尽之身。

⑭**无常身：**指有迁流不息之身。

⑮**金刚之身：**谓金刚不坏之身，即佛身。

⑯**法身：**佛三身之一。指以佛法成身或身具一切佛法。

⑰**无边之身：**指佛之身量没有边际。

⑱**肉眼：**谓肉身具有之眼。

⑲**佛眼：**佛陀具有之眼。

⑳**慧眼：**谓能观照诸法皆空的智慧之眼。

㉑**命：**寿命。以食施僧所得的五种利益之一。

㉒**五事果：**寿命、色泽、力用、安乐和无碍辩才。

译文

这时候，世尊（又号一切种智、无上士、调御丈夫）告诉纯陀说：好极了！好极了！我现在为你除去一切贫穷，将无上法雨降落在你的身上，使你生起佛法的根芽。你现在要向我求得寿命、色泽、力用、安乐和无碍辩才，我当即施舍给你长寿、色泽、力用、安乐和无碍辩才。

为什么？纯陀！因为施食有二种，但所得果报是没有差别的。哪二种呢？第一种是接受施食以后能得无上正等正觉；第二种是接受施食以后就入于涅槃。我如今接受你的最后供养，使你得到一种圆满具足的檀波罗蜜

（布施）。

这时候，纯陀就对佛说：如佛所说的两种施食所得的果报没有差别，这道理不对。为什么？因为先受施食的，烦恼尚未断尽，还未得成就一切种智，也不能使众生得到圆满具足的檀波罗蜜。后受施食的，一切烦恼都已断尽，已经成就一切种智，能够使众生普遍得到圆满具足的檀波罗蜜。先受施食的，还只是众生，后受施食的，则是天中之天。先受施食的，还只是杂食之身、烦恼之身、后边之身、无常之身。后受施食的，已是无烦恼之身、金刚不坏之身、法身、常身、无边之身。有这么多的差别，怎么能说两种施食所得的果报是相等而没有差别呢？

又先受施食的未能得到圆满具足的檀波罗蜜乃至般若波罗蜜，只是得到肉眼，尚未得到佛眼乃至慧眼。后受施食的已经得到圆满具足的檀波罗蜜乃至般若波罗蜜，圆满具足佛眼乃至慧眼。有这么多差别，怎么能说两种施食所得的果报是相等而没有差别呢？又先受施食的，受食以后，进入腹中消化，得寿命、得色泽、得力用、得安乐、得无碍辩才。后受施者，不食、不消化，亦无寿命等五事之果。有这么多差别，怎么能说两种施食所得的果报是相等而没有差别呢？

原典

佛言：善男子[①]！如来已于无量无边阿僧祇劫[②]，无有食身、烦恼之身，无后边身，常身、法身、金刚之身。善男子！未见佛性[③]者名烦恼身、杂食之身，是后边身。菩萨尔时受饮食已，入金刚三昧[④]，此食消已，即见佛性，得阿耨多罗三藐三菩提，是故我言二施果报等无差别。

菩萨尔时破坏四魔[⑤]，今入涅槃亦破四魔，是故我言二施果报等无差别。菩萨尔时虽不广说十二部经，先已通达，今入涅槃广为众生分别演说，是故我言二施果报等无差别。

善男子！如来之身已于无量阿僧祇劫不受饮食，为诸声闻[⑥]说言。先受难陀、难陀波罗[⑦]二牧牛女所奉乳糜[⑧]，然后乃得阿耨多罗三藐三菩提，我实不食。我今为于此会大众，是故受汝最后所奉，实亦不食。

尔时，大众闻佛世尊普为大会受于纯陀最后供养，欢喜踊跃同声赞言：善哉！善哉！希有纯陀！汝今立字名不虚称言。纯陀者，名解妙义。汝今建立如是大义，是故依实从义立名，故名纯陀。

汝今现世得大名利，德愿满足。甚奇纯陀！生在人中复得难得无上之利。善哉纯陀！如优昙华[⑨]世间希有。

佛出于世，亦复甚难；值佛生信闻法复难；佛临涅槃最后供养，能办是事复难于是。

南无[10]纯陀！南无纯陀！汝今已具檀波罗蜜。犹如秋月十五日夜，清净圆满无诸云翳，一切众生无不瞻仰。汝亦如是，而为我等之所瞻仰。佛已受汝最后供养，令汝具足檀波罗蜜。南无纯陀！是故说汝如月盛满，一切众生无不瞻仰。南无纯陀！虽受人身，心如佛心。汝今纯陀，真如佛子[11]，如罗睺罗等无有异。

尔时大众即说偈[12]言：

汝虽生人道[13]，已超第六天[14]；
我及一切众，今故稽首[15]请。
人中最胜尊[16]，今当入涅槃；
汝应愍我等，唯愿速请佛。
久住于世间，利益无量众；
演说智[17]所赞，无上甘露法[18]。
汝若不请佛，我命将不全；
是故应见为，稽请调御师[19]。

注释

①**善男子：**对在家、出家信佛闻法的男子之美称。

②**阿僧祇劫：**“阿僧祇”，印度数目名，意为无数。

“劫”，梵文“劫波”的略称，意为极其久远的时节。无数劫，即名“阿僧祇劫”。

③**佛性：**亦称“如来性”“觉性”，原指佛陀本性，后发展为成佛的可能性。一切众生皆有觉悟成佛之性，即称之为佛性。

④**金刚三昧：**意谓如金刚一样坚固，对于一切法无不通达之三昧。生起此定可断除极微细的烦恼而得其果，于声闻可达阿罗汉，于菩萨则得佛果。

⑤**四魔：**指四种能扰乱身心、破坏好事、障碍善法者，即烦恼魔、阴魔、天魔、死魔。

⑥**声闻：**指听闻佛陀的言教而觉悟的人。原指佛在世时的弟子，后与缘觉、菩萨相对，为三乘之一。

⑦**难陀、难陀波罗：**二牧女名。长女名难陀，次女名难陀波罗。共牧牛千头，曾将乳糜供奉佛陀。

⑧**乳糜：**以牛乳煮成的粥。

⑨**优昙华：**又称灵瑞花、瑞应花。佛教中称此花三千年开一度，要等佛出世才开。

⑩**南无：**梵文音译。亦译那谟、南谟等，意为致敬、敬礼、归敬等。

⑪**佛子：**众生受佛教戒律后，将来必当做佛，故称为佛子。亦为菩萨之通称。

⑫**偈：**亦译“颂”“讽颂”等，音译“伽陀”“伽他”

等。佛经的体裁之一。由固定字数的四句组成，一般是五字或七字为一句，亦有四字、六字为一句的。

⑬**人道：**六道之一，即人界。

⑭**第六天：**欲界之天有六重，其最顶上的他化自在天即第六天。

⑮**稽首：**一种跪拜礼，即叩头到地。

⑯**最胜尊：**对佛的尊称，意谓尊中之至极者。

⑰**智：**谓智慧，即佛智。

⑱**甘露法：**如来之教法，譬喻为甘露，即称甘露法。

⑲**调御师：**调御丈夫、天人师，佛的两大名号。

译文

佛世尊说：善男子！如来已于无量无边的漫长时间里，没有了杂食之身和烦恼之身、后边身，唯有常身、法身、金刚不坏之身。善男子！未见佛性者，称为烦恼身、杂食之身、后边身。菩萨在此时受施食后，即入金刚三昧，此食消化之后，即见佛性，得阿耨多罗三藐三菩提。因此我说两种施食所得的果报相同而没有差别。

菩萨在此时破坏了四魔，如今入涅槃也是破坏四魔，所以我说两种施食所得的果报相同而没有差别。菩萨此时虽没有广说十二部经而先已通达，如今入涅槃则广为众生分别演说十二部经，所以我说两种施食所得的果报同等而没有差别。

善男子！如来之身实际上已经于无量无边的漫长时间里不接受饮食，而是为一切声闻说法的缘故。先接受难陀和难陀波罗二位牧牛女所供奉的乳糜，然后乃得到阿耨多罗三藐三菩提，实际上我并没有吃的意念。我如今在此会见大众，因此接受你的最后供养，实际上我已没有吃的意念。

这时候，大家听说佛世尊广为参加大会的众生而接受纯陀的最后供养，皆大欢喜地踊跃同声称赞说：好极了！好极了！世间少有。纯陀！你今天所立的名字，真是名不虚言。纯陀这个名字有微妙的含义。你今天建立这样的微言大义，是根据真实的含义而立名，所以叫作纯陀。

你如今在现世得到大名利，功德、愿望圆满具足。真是非常奇特殊胜啊纯陀！你生在人中，又能得到十分难得的无上利益。真是好极了啊纯陀！像优昙花一样，是世间稀有之物。佛出于世也是很难得的；能值佛世而生起信仰、闻听佛法，更是难得；而遇到佛临涅槃做最后供养，能够辩明这些佛法义理，更是难遭难遇的事。

可敬的纯陀！可敬的纯陀！你如今已圆满具足檀波罗蜜。犹如中秋八月十五日的夜里，明月清净、圆满，没有一点儿云翳，一切众生没有一个不对你瞻仰。你也是这样，而为我们所共同瞻仰。佛陀已接受你的最后供养，使你圆满具足檀波罗蜜。可敬的纯陀！因此称赞你像月亮一样明亮圆满，一切众生没有一个不对你瞻仰。可敬的纯陀！你虽受人身，但心却如佛心。纯陀！你如今可谓是真正的佛子，和罗睺罗等没有两样。

这时候，大家即诵偈颂说：

你虽然生于人道，但已经超出了欲界第六天；
我们以及一切众生，如今所以向你敬礼请求。
人中最胜最尊的佛陀，如今将要入涅槃；
你应该怜悯我们，愿你从速礼请佛陀。
永久住于人世间，利益无数无量的众生；
演说为得佛智者所称赞的无上甘露法门。
你如果不礼请佛陀，我们的慧命将无所滋长；
因此你应该见到这些，礼请世尊常住世间。

原典

尔时，纯陀欢喜踊跃。譬如有人父母卒丧，忽然还活，纯陀欢喜，亦复如是。复起礼佛，而说偈言：

快哉获己利，善得于人身；
蠲除贪恚等①，永离三恶道②。

快哉获己利，遇得金宝聚；
值遇调御师，不惧堕畜生[3]。
佛如优昙华，值遇生信难；
遇已种善根，永离饿鬼[4]苦；
亦复能损减，阿修罗[5]种类。
芥子投针锋，佛出难于是；
我以具足檀[6]，度人天生死。
佛不染世法，如莲华处水；
善断有顶种[7]，永度生死流。
生世为人难，值佛世亦难；
犹如大海中，盲龟遇浮孔。
我今所奉食，愿得无上报；
一切烦恼结[8]，摧破不坚牢。
我今于此处，不求天人身；
设使得之者，心亦不甘乐。
如来受我供，欢喜无有量；
犹如伊兰华[9]，出于旃檀香[10]。
我身如伊兰，如来受我供；
如出旃檀香，是故我欢喜。
我今得现报[11]，最胜上妙处[12]；
释梵诸天[13]等，悉来供养我。
一切诸世间，悉生诸苦恼；

以知佛世尊，欲入于涅槃。

高声唱是言：世间无调御；

不应舍众生，应视如一子。

如来在僧中，演说无上法；

如须弥宝山[14]，安处于大海。

佛智能善断，我等无明暗；

犹如虚空中，起云得清凉。

如来能善除，一切诸烦恼；

犹如日出时，除云光普照。

是诸众生等，啼泣面目肿；

悉皆为生死，苦水之所漂。

以是故世尊，应长众生信；

为断生死苦，久住于世间。

佛告纯陀：如是如是。如汝所说，佛出世难如优昙华，值佛生信亦复甚难，佛临涅槃最后施食，能具足檀复倍甚难。汝今纯陀，莫大愁苦，应生踊跃喜自庆幸，得值最后供养如来，成就具足檀波罗蜜，不应请佛久住于世。汝今当观诸佛境界悉皆无常，诸行性相[15]亦复如是。即为纯陀而说偈言：

一切诸世间，生者皆归死；

寿命虽无量，要必当有尽。

夫盛必有衰，合会有别离；
壮年不久停，盛色病所侵；
命为死所吞，无有法常者。
诸王得自在，势力无等双；
一切皆迁动，寿命亦如是。
众苦轮[16]无际，流转无休息；
三界[17]皆无常，诸有[18]无有乐。
有道[19]本性相，一切皆空无；
可坏法[20]流转，常有忧患等。
恐怖诸过恶，老病死衰恼；
是诸无有边，易坏怨所侵。
烦恼所缠裹，犹如蚕处茧；
何有智慧者，而当乐是处？
此身苦所集，一切皆不净；
扼缚痈疮[21]等，根本无义利。
上至诸天身，皆亦复如是；
诸欲皆无常，故我不贪着。
离欲善思维，而证于真实[22]；
究竟断有者，今日当涅槃。
我度有[23]彼岸[24]，已得过诸苦；
是故于今者，纯受上妙乐[25]。
以是因缘故，证无戏论[26]边；

永断诸缠缚，今日入涅槃。

我无老病死，寿命不可尽；

我今入涅槃，犹如大火灭。

纯陀汝不应，思量如来义[27]；

当观如来住，犹如须弥山。

我今入涅槃，受于第一乐[28]；

诸佛法如是，不应复啼哭。

注释

①**贪恚等**：贪、嗔、痴三种烦恼。

②**三恶道**：众生因为所造恶业而堕入之三恶道（亦称三恶趣）。一、地狱道，为造上品十恶业者的堕入处；二、饿鬼道，为造中品十恶业者的堕入处；三、畜生道，为造下品十恶业者的堕入处。

③**畜生**：三恶道中的畜生道。

④**饿鬼**：三恶道中的饿鬼道。

⑤**阿修罗**：三善道中的阿修罗道。

⑥**檀**：布施，此处是指檀波罗蜜，为六波罗蜜之一。

⑦**有顶种**："有顶"，天名，为色界第四处的色究竟天，是有形世界的最顶，故称有顶。此外，有顶天亦指无色界之第四天，即非想非非想天。有顶天的种子，称

为“有顶种”。

⑧**烦恼结：**“烦恼”，谓一切诸惑烦心恼身；“结”，谓烦恼能结集生死，系缚众生。佛经中常以“结”“结使”“惑”“漏”等来指称“烦恼”，因此都是“烦恼”的异名。

⑨**伊兰华：**此花很好看，但气味甚臭，其味可达四十里。佛经中常以此花比作烦恼。

⑩**旃檀香：**“旃檀”为一种香木，其香味远飘四方。佛经中常以此木之妙香比作菩提。

⑪**现报：**现世之果报。

⑫**最胜上妙处：**最胜最上的妙乐之处。

⑬**诸天：**三界诸天，其中欲界有六天，色界四禅有十八天，无色界四处有四天等。

⑭**须弥宝山：**须弥山，意译妙高山等。印度神话中的山名，为佛教所沿用。此山高八万四千由旬，山顶上住有帝释天，四面山腰为四天王天，周围有七香海、七金山。第七金山外有铁围山所围绕的咸海，咸海四周有四大部洲。佛教常以此山比作最高最大的事物。

⑮**诸行性相：**“行”，指一切现象的生灭变化活动。佛教常把迁流三世的有为法通称为“行”。有为法数量甚多，故称之为“诸行”。“性相”，即法性和法相。“法性”指现象固有的、永不变化的本质、本体或本原；“法相”

指呈现于人的面前，可以分别认识的现象。这里指一切有为法的性相。

⑯**苦轮**：生死之苦果像车轮一样，旋转不停，故名苦轮。

⑰**三界**：欲界、色界、无色界。

⑱**诸有**：众生之果报，有因有果，即谓之“有”。一切有，谓之诸有。

⑲**有道**：“三有”（欲界有、色界有、无色界有）、“六道”（地狱、饿鬼、畜生、阿修罗、人、天）的简称。

⑳**可坏法**：可变坏之法，也就是生死流转之法。

㉑**扼缚痈疮**：“扼”，即四扼：欲扼、有扼、无明扼、见扼，此四种能令众生为苦所扼，故名为扼。“缚”，烦恼之异名，亦有欲缚、有缚、无明缚、见缚四种，因能系缚人，使不自在，故名为缚。“痈疮”，即漏，有三种，即欲痈疮、有痈疮及无明痈疮。

㉒**真实**：远离迷情、断绝虚妄之法。

㉓**有**：前所讲“诸有”之“有”，是生死相续的意思。

㉔**彼岸**：涅槃境界。生死之境界，譬喻为“此岸”；业、烦恼譬喻为“中流”；涅槃即譬喻为“彼岸”。

㉕**上妙乐**：至高无上的妙乐。

㉖**戏论**：错误无益的言论。

㉗**思量如来义**：谓考虑如来也有老、病、死等诸苦

的道理。

㉘**第一乐：**谓至高无上的第一妙乐，即涅槃。

译文

这时候，纯陀欢喜雀跃。譬如有人父母死亡后，忽然又复活一样，纯陀的欢喜也是如此。他又重新站起来礼佛，而诵偈颂说：

快乐极了，我获得了甚深的利益，圆满地得到了人身；

免除了贪、嗔、痴等烦恼，永远离开了三恶道。

快乐极了，我获得了甚深的利益，犹如遇得了金银财宝聚在一起；

巧遇了世尊，不怕再堕入畜生道。

佛如优昙花一样，要想遇到而生信仰之心是非常困难的；

遇到以后种植善根，就可以永远脱离饿鬼道之苦，

同时也能消灭乃至远离阿修罗道。

犹如芥子投于针锋般，佛陀出现于世比这还难；

我由于具足了布施波罗蜜，因此得出离人天的生死流转。

佛陀虽处世却不染世间法，犹如莲花处于水中而不

染污泥；

善于断灭三界、四禅直至非想非非想处的烦恼种，永远度脱生死之流转。

生于人世间为人是非常难的，要遇佛出世更是难上加难；

犹如大海之中，盲目的大龟遇见了浮孔。

我如今所供养的食物，愿得无上的果报；

一切烦恼的结缚，都被摧毁破灭而不再坚牢。

我如今在这里，不求天人之色身；

即使是得到了天人之色身，心里也不感到快乐。

如来接受我的供养，我得到无限的欢喜；

犹如伊兰花那样，却能发出旃檀木那样的香味。

我的身体就像伊兰花，因为如来接受了我的供养；

犹如发出了旃檀木那样的香味，所以我心里非常欢喜。

我如今得到了现世的果报，获得了最胜最上的妙乐；

帝释天、梵天等一切诸天，都来供养我。

一切世间众生，都会生起种种烦恼；

因为他们都知道，世尊将要入于涅槃。

我要高声地宣说：佛将入涅槃了，世间就没有了佛陀；

佛陀不应该舍离众生，应该把众生看成是自己的儿子。

如来在僧众之中，演说无上大法；

犹如须弥山那样的宝山，安处于大海之中。

佛的智慧能善于断灭我们的无明（愚痴）黑暗；

好比在虚空之中，升起云彩得到清凉。

如来善于除灭一切烦恼；

好比日出之时，除去了乌云，阳光普照。

因此一切众生，都哭泣得面目肿了起来；

都是因为佛陀要入涅槃，而自己仍要在生死苦海中漂浮。

因为这些原因，所以请世尊增长众生的信仰；

为了断灭众生的生死流转之苦，应该长久住于世间。

佛告诉纯陀说：是的，是的。真如你所说的那样，值佛出世之难和遇优昙花之难一样，要遇到佛陀生起信仰更加困难，而遇佛陀临涅槃时的最后施食供养，能够得到圆满具足的檀波罗蜜，更是难上加难。如今你纯陀，不要发大愁苦，应该生起踊跃之喜庆幸自己，能够遇到最后供养如来的机会，成就圆满具足的檀波罗蜜，不应该再劝请佛久住于世间。你如今应当观察诸佛境界都是无常的，一切诸法的本性和相状也都是如此。于是佛陀即为纯陀而说偈颂：

一切世间，生的最后都要归之于死；

人的寿命虽然可以很长，但最后必定有命终的时候。

因为有盛必有衰，有相会也必有别离；

一个人的壮年不会长久停留，盛年时的色身会被病魔所侵袭；

生命会被死亡所吞没，没有一种法是常住不变的。

一切帝王得到通达无碍之自在，其势力无等亦无双；

但一切都是迁流变动的，寿命也是这样。

一切生死之苦轮无边无际，流转不息；

三界（欲界、色界、无色界）都是无常的，一切有情都没有究竟的快乐。

三有、六道的本性和相状，一切都是空无的；

一切法又都是可变坏的、流转不息的，所以常有忧患等苦。

恐怖等一切诸苦，还有老、病、死、衰等苦；

这种种苦无量无边，这都是因为一切法有变坏、流转，所以苦恼怨恨即随之侵入。

为烦恼所缠缚、包裹，犹如蚕之处于茧中被缠缚一样；

有智慧的人，怎么会欢喜这样的处境呢？

此色身是诸苦所集，一切都不清净；

充满了扼、缚、痈疮等，根本没有益处可言。

上至诸天的色身，也都是这样；

一切欲望都是无常的，所以我不贪着。

远离欲望，善于思维，而证得真实；

最后究竟断灭一切有，今日应当入于涅槃了。

我已渡过一切生死之有的境界，到达了涅槃的彼岸世界，已经超过一切诸苦；

所以在今日，能纯粹受到无上的妙乐。

因为有了这样的因缘，证得了没有戏论的境地；

永远断灭了一切缠缚，今日应当入于涅槃。

我没有了老、病、死诸苦，寿命不可穷尽；

我今入于涅槃，好比一切烦恼痛苦的大火都已熄灭。

纯陀你不应该思量，如来也有老、病、死等诸苦之义；

应当观察如来常住不动，犹如须弥山一样。

我如今入于涅槃，受第一无上妙乐；

一切佛法都是这样的，你不应该再啼哭了。

原典

尔时，纯陀白佛言：世尊！如是如是，诚如圣教。我今所有智慧微浅，犹如蚊虻，何能思议如来涅槃深奥之义？世尊！我今已与诸大龙象菩萨摩诃萨[①]、断诸结漏[2]文殊师利法王子[3]等。世尊！譬如幼年初得出家，虽未受具[4]，即堕僧数。我亦如是，以佛、菩萨神通力[5]故，得在如是大菩萨数。是故我今欲令如来久住于世，不入涅槃，譬如饥人，终无变吐[6]。愿使世尊亦复如是，常住于世，不入涅槃。

尔时，文殊师利法王子告纯陀言：纯陀！汝今不应发如是言，欲使如来常住于世，不般涅槃，如彼饥人无所变吐。汝今当观诸行性相。如是观行，具空三昧[7]，欲求正法[8]应如是学。

纯陀问言：文殊师利！夫如来者，天上人中最尊最胜[9]，如是如来岂是行[10]耶？若是行者，为生灭法[11]。譬如水泡，速起速灭，往来流转，犹如车轮。一切诸行，亦复如是。

我闻诸天寿命极长，云何世尊是天中天，寿命更促，不满百年？如聚落主[12]势得自在[13]，以自在力能制他人。是人福尽，其后贫贱，人所轻蔑，为他策使。所以者何？失势力故。世尊亦耳，同于诸行，同诸行者，则不得称为天中天。何以故？诸行即是生死法[14]故。是故文殊，勿观如来同于诸行。

复次，文殊！为知而说不知而说，而言如来同于诸行？设使如来同诸行者，则不得言于三界中为天中天、自在法王[15]。譬如人王[16]有大力士，其力当千，更无有能降伏之者，故称此人一人当千。如是力士，王所爱念，偏赐爵禄，封赏自然。所以得称当千人者，是人未必力敌于千，但以种种伎艺所能，能胜千故，故称当千。如来亦尔，降烦恼魔⑰、阴魔⑱、天魔⑲、死魔⑳。是故如来名三界尊㉑，如彼力士一人当千。以是因缘㉒成就具足㉓种种无量真实功德㉔，故称如来、应、正遍知㉕。

文殊师利！汝今不应忆想分别㉖，以如来法㉗同于诸行。譬如巨富长者㉘生子，相师㉙占之有短寿相，父母闻已，知其不任绍继家嗣，不复爱重，视如刍草。夫短寿者，不为沙门㉚、婆罗门等男女大小之所敬念。若使如来同诸行者，亦复不为一切世间人、天众生之所奉敬。如来所说不变不异真实之法，亦无受者。是故文殊，不应说言如来同于一切诸行。

注释

①**大龙象菩萨摩诃萨**：“大龙象”，是指具有大能力的人。因为水中龙的力量最大，陆地象的力量最大，故称具有大能力的菩萨为“大龙象菩萨摩诃萨”。

“菩萨”，梵语“菩提萨埵”的略称，意译为“觉有情”“道众生”等。“菩提”，意为觉悟，即对事理能如实明白，了知人生的真实意义，由此向人生的究竟努力不懈；“萨埵”，意为有情（众生），凡有坚强意欲向前冲进的力量的，包括人和一切有情识的生物，都称为有情。简单地说，凡是上求菩提、下化众生的，都可称为菩萨。“摩诃萨”，梵语“摩诃萨埵”的略称。意译为大有情、大众生。“菩萨摩诃萨”，即大菩萨。

②**结漏：**“结”“漏”，都是烦恼的异名。烦恼系缚身心，名之为“结”；烦恼都是从眼、耳、鼻、舌、身等六根泄漏而出，名之为“漏”。

③**文殊师利法王子：**“文殊师利”，菩萨名。梵文音译，新译“曼殊室利”，意译“妙德”“妙吉祥”等。中国佛教四大菩萨之一。山西五台山为其显灵说法的道场。释迦牟尼佛的左胁侍，专司“智慧”。顶结五髻，手持宝剑，表示智慧锐利。塑像骑狮子，表示智慧威猛。“法王子”，“菩萨”的尊称。佛称为“法王”，菩萨是佛的继承者，意为佛子，故通称菩萨为“法王子”。

④**受具：**受具足戒。佛教比丘和比丘尼所受大戒，比之沙弥和沙弥尼所受之十戒，戒品具足，故称“具足戒”。

⑤**神通力：**指通过修持禅定所得到的一种通达无碍之自在能力。佛、菩萨、阿罗汉有“五神通”或“六神通”（神足通、天眼通、天耳通、他心通、宿命通、漏尽通）。

⑥**无变吐：**没有什么可以变易吐弃之物。意谓不要舍弃我。

⑦**空三昧：**谓观察一切诸法都是由因缘而生，无我亦无我之所有，空掉我和我所，就称之为“空三昧”。

⑧**正法：**真正之道法，也就是佛法。

⑨**天上人中最尊最胜：**“天上”，指欲界之六欲天及色界、无色界诸天。“人中”,“人”指欲界之有情(众生)，有情之中，即谓之“人中”。诸天、人中最尊最胜者，谓之“天上人中最尊最胜”。

⑩**行：**指一切现象的生灭变化活动。佛教常把迁流三世的有为法通称为“行”。

⑪**生灭法：**谓依因缘和合或离散之生灭诸法，即有为法。

⑫**聚落主：**“聚落”，即“村落”，人们聚居的地方。村落的主人，即称“聚落主”。

⑬**自在：**谓进退通达无碍，自由自在。

⑭**生死法：**流转生死之法。

⑮**自在法王：**佛世尊。

⑯**人王：**人中之王，即帝王。

⑰**烦恼魔：**四魔之一。谓贪、嗔、痴等烦恼，能恼害身心，故名烦恼魔。

⑱**阴魔：**亦称“蕴魔”“五众魔”，四魔之一。谓色、

受、想、行、识五阴（蕴），能生种种苦恼，故名阴魔。

⑲**天魔：**又称“他化自在天子魔”“自在天魔”，四魔之一。谓欲界第六天（即他化自在天）之魔王，能害人之修道，故名天魔。

⑳**死魔：**四魔之一。死能断人之命根，妨碍修道，故名死魔。

㉑**三界尊：**谓三界（欲界、色界、无色界）中之最尊贵者，即佛之德称。

㉒**因缘：**“因”和“缘”的合称。指得以形成事物、引起认识或造就“业报”等现象所依赖的原因和条件。

㉓**具足：**具备满足的意思。

㉔**功德：**“功”，指所做善事；“德”，同“得”，指因所做善事而得的福报。谓念佛、修行、布施等，就可得到善的报应。

㉕**如来、应、正遍知：**佛十号中之前三号。“如来”，前已有解。“应”即“应供”，谓佛应受人、天之供养，故名应供。“正遍知”，梵文音译“三藐三菩提”，谓佛真正遍知一切法，故名正遍知。

㉖**分别：**谓思量、识别一切事理。等于我们现在所讲的“分析”。

㉗**如来法：**谓佛所说之法，也称“佛法”。

㉘**长者：**对年长、显贵、积财具德者之通称。

㉙**相师：**以谈相论命为业的人。

㉚**沙门：**原为一切外道和佛徒出家者的通称，后佛教用以专称出家之僧人。

译文

这时候，纯陀对佛说：世尊！是这样，是这样，诚如圣教所说。但是，我如今所有的智慧非常微浅，犹如蚊虻一样，又怎么能理解如来涅槃大法深奥的含义？世尊！我如今已加入一切大龙象菩萨和断灭一切烦恼的文殊师利法王子菩萨等的行列。世尊！譬如有人幼年出家，虽然还没有受具足大戒，但是已经在僧人之列了。我也是这样，因为依靠佛、菩萨的神通力，所以能这样进入大菩萨的行列。因此，我现今请求如来久住于世，不入涅槃，好像饥饿之人一样，终究没有食物可变易吐弃一样。但愿世尊也是这样不舍弃我们，常住于世，不入涅槃。

这时候，文殊师利法王子告诉纯陀说：纯陀！你如今不应该这样说，要使如来常住于世，不入涅槃，好像饥饿之人一样，没有食物可变易吐弃，那是不成的。你如今应当观察一切诸法的本性和相状。应该这样观察，一切法的实相都毕竟是空，要想求取真正的佛法应该这样学。

纯陀发问说：文殊师利！如来是天上、人间最尊贵、最优胜的人，像这样的如来，难道是属于变异的“行”法吗？如果是属于变异的“行”法，就是有生灭变化的有为法。譬如水泡一样，速起速灭，来往流转，犹如车轮。一切“行”法也都是这样。

我听说三界诸天的寿命极长，为什么世尊是诸天之中最尊贵者，反而寿命短促不满百年？如某一村庄的主人，以其本来就有的势力，压制别人。但后来此人福气已尽，转为贫穷之人，人们都蔑视他，沦为别人的奴役对象。为什么会这样？因为他失去了势力。如果世尊也是这样和一切生灭变化的有为法一样，那他就不得称为天中之天。为什么这样说？因为一切生灭变化的有为法就是生死流转之法。因此，文殊师利，你不能把如来看得和一切生灭变化的有为法相同。

其次，文殊啊！你究竟是知道而说还是不知道而说，如来和一切生灭变化的有为法一样？假如如来是和一切生灭变化的有为法一样，就不能说他在三界中是天中之天、自在法王。譬如国王有一位大力士，其力气可以相当于千人的力气，更没有人能够以武力降伏他，所以称此人是一人相当于千人。这样的大力士，为国王所爱，赐以爵禄，封赏甚多。之所以能称他相当于千人者，并不是他的力气可以抵拒千人，而是他以种种技术才能，能够胜过千人，所以称他相当于千人。如来也是这样，能够降伏烦恼魔、阴魔、天魔、死魔。所以如来名字叫作三界尊，就像那大力士一人相当于千人一样。因为这样的缘故，成就具足种种无量真实的功德，所以又称他为如来、应供、正遍知。

文殊师利！你如今不应当随意猜想、分析，认为如来和一切生灭变化的有为法一样。譬如有一位大富人虽生了儿子，但经看相、占命的人说他是短寿之相，他父母亲听了之后，知道他不能传宗接代，就不加爱护、重视，把他看得和喂牲口的野草一样，因为短寿者是不为出家僧人、婆罗门等所敬重、护念的。如果如来和一切生灭变化的有为法相同，也就不再为世间的人、天众生所尊重、敬爱；而如来所说的不变不异的真实之法，也就没有人信奉了。因此，文殊！你不应该说如来和一切生灭变化的有为法相同。

原典

复次，文殊！譬如贫女，无有居家救护之者，加复病苦饥渴所逼，游行乞丐，止他客舍寄生一子，是客舍主驱逐令去。其产未久，携抱是儿欲至他国，于其中路遇恶风雨，寒苦并至，多为蚊、虻、蜂螫，毒虫之所唼食。经由恒河抱儿而度[①]，其水漂疾而不放舍，于是母子遂共俱没。如是女人慈念功德，命终之后生于梵天[②]。

文殊师利！若有善男子欲护正法，勿说如来同于诸行不同诸行，唯当自责我今愚痴[③]未有慧眼，如来正法不可思议[④]。是故不应宣说如来定是有为[⑤]定是无为[⑥]。若正见者，应说如来定是无为。何以故？能为众生生善法故，生怜愍故，如彼贫女在于恒河为爱念子而舍身命。

善男子！护法菩萨亦应如是，宁舍身命，不说如来同于有为，当言如来同于无为。以说如来同于无为，故得阿耨多罗三藐三菩提，如彼女人得生梵天。何以故？以护法故。云何护法？所谓说言如来同于无为。善男子！如是之人，虽不求解脱[⑦]，解脱自至，如彼贫女不求梵天，梵天自至。

文殊师利！如人远行，中路疲极，寄止他舍，卧寐之中，其室忽然大火卒起，即时惊寤。寻自思维，我于今者定死不疑。具惭愧故，以衣缠身，即便命终，生忉利天[⑧]。从是已后，满八十返作大梵王[⑨]，满百千世，生于人中为转轮王[⑩]。是人不复生三恶趣，展转常生安乐之处。以是缘故，文殊师利！若善男子，有惭愧者，不应观佛同于诸行。文殊师利！外道邪见[⑪]可说如来同于有为，持戒比丘不应如是于如来所生有为想。若言如来是有为者，即是妄语[12]。当知是人死入地狱，如人自处于己舍宅。

文殊师利！如来真实是无为法，不应复言是有为也。汝从今日于生死中应舍无智[13]，求于正智[14]，当知如来即是无为。若能如是观如来者，具足当得三十二相[15]，速疾成就阿耨多罗三藐三菩提。

尔时，文殊师利法王子赞纯陀言：善哉！善哉！善男子！汝今已作长寿因缘，能知如来是常住法[16]、不变异法、无为之法。汝今如是善覆如来有为之相，如彼火人，为惭愧故以衣覆身，以是善心生忉利天，复为梵王、转轮圣王，不至恶趣，常受安乐。汝亦如是，善覆如来有为相故，于未来世必定当得三十二相、八十种好[17]、十八不共法[18]、无量寿命，不在生死，常受安乐，不久得成应、正遍知。

纯陀！如来次后自当广说，我之与汝俱亦当覆如来有为。有为、无为且共置之，汝可随时速施饭食。如是施者，诸施中最。若比丘、比丘尼、优婆塞、优婆夷，远行疲极，所需之物应当清净随时给与。如是速施，即是具足檀波罗蜜根本种子。纯陀！若有最后施佛及僧，若多若少，若足不足，宜速及时，如来正尔当般涅槃。

纯陀答言：文殊师利！汝今何故，贪为此食而言多少、足与不足，令我时施？文殊师利！如来昔日苦行六年，尚自支持，况于今日须臾间耶？文殊师利！汝今实谓如来正觉受斯食耶？然我定知如来身[19]者，即是法身，非为食身。

尔时，佛告文殊师利：如是如是，如纯陀言。善哉纯陀！汝已成就微妙大智[20]，善入甚深大乘经典[21]。

文殊师利语纯陀言：汝谓如来是无为者，如来之身即是长寿，若作是知，佛所悦可。

纯陀答言：如来非独悦可于我，亦复悦可一切众生。

文殊师利言：如来于汝及以于我、一切众生皆悉悦可？

纯陀答言：汝不应言如来悦可。夫悦可者则是倒想[22]，若有倒想，则是生死，有生死者，即有为法。是故文殊，勿谓如来是有为也。若言如来是有为者，我与仁者俱行颠倒。

文殊师利！如来无有爱念之想。夫爱念者，如彼母牛爱念其子，虽复饥渴行求水草，若足不足，忽然还归。诸佛世尊无有是念，等视一切如罗睺罗。如是念者，即是诸佛智慧境界。

文殊师利！譬如国王调御驾驷[23]，欲令驴车而及之者，无有是处。我与仁者亦复如是，欲尽如来微密深奥，亦无是处。

文殊师利！如金翅鸟[24]飞升虚空无量由旬[25]，下观大海，悉见水性鱼、鳖、鼋、鼍、龟、龙之属，及见己影，如于明镜见诸色像。凡夫少智不能筹量如是所见。我与仁者亦复如是，不能筹量如来智慧。

文殊师利语纯陀言：如是如是，如汝所说。我于此事非为不达，直欲试汝诸菩萨事。

注释

①**度：**渡。

②**梵天：**亦称大梵天，原为婆罗门教、印度教的创造之神。佛教中是色界之初禅天，此天离欲界之淫欲，寂静清净，故称梵天。

③**愚痴：**亦名“无明”“黑暗”等，即三毒之一的“痴”。意谓心性暗昧，没有通达事理之智慧。

④**不可思议：**谓事理深妙、稀奇，不可以用心思虑，不可以用言语议论。

⑤**有为：**亦名“有为法”。泛指由因缘和合而成的一切生灭变化的现象，以生、住、异、灭四有为相为其特征。特指人的造作行为。

⑥**无为：**亦名“无为法”。指非因缘和合形成、无生灭变化之法。

⑦**解脱：**指摆脱烦恼业障的系缚而得的自由自在。

通常与“涅槃”“圆寂”的含义相通。

⑧**忉利天**：梵文音译，意译“三十三天”。为六欲天之一。谓在须弥山顶中央有帝释天，四方各有八天，共三十三天。

⑨**大梵王**：色界初禅天之大梵天天王。

⑩**转轮王**：亦称“转轮圣王”“轮王”等。因手持轮宝而得名。古印度神话中的“圣王”。传说他即位时，自天感得轮宝，他转轮宝而降伏四方，故称转轮王。

⑪**外道邪见**：“外道”，指佛教以外的其他宗教哲学派别。有六师外道和九十六种外道之说。“邪见”，指否认因果报应的见解。

⑫**妄语**：亦称虚诳语。十恶之一。以欺骗他人而作不真实之言语者。

⑬**无智**：“无知”。谓没有智慧，不能明达事理。

⑭**正智**：亦名“圣智”。即能正确了知一切法的义理。

⑮**三十二相**：亦称“三十二大人相”“三十二大丈夫相”等。指佛陀生来具有的神异容貌，有三十二个显著特征：一、足下安平立相；二、足下二轮相，脚心有轮宝的肉纹；三、长指相；四、足跟广平相；五、手足指缦网相，手足指间如蹼状；六、手足柔软相；七、足趺高满相；八、腨如鹿王相，股骨如鹿那样纤好；九、正立手摩膝相；一〇、阴藏相（阴部如马）；一一、身

广长等相；一二、毛上向相；一三、一孔一毛生相；一四、金色相；一五、丈光相，身光照四面各一丈远；一六、细薄皮相；一七、七处（两手、两足、两肩、脖颈）隆满相；一八、两腋下隆满相；一九、上身如狮子相；二〇、大直身相；二一、肩圆好相；二二、四十齿相；二三、齿齐相；二四、牙白相；二五、狮子颊相；二六、味中得上味相；二七、大舌相；二八、梵声相，声音清净深远；二九、真青眼相；三〇、牛眼睫相；三一、顶髻相；三二、眉间白毫相，平时蜷缩，伸开达一丈五，从这里放出的光叫毫光、眉间光。

⑯**常住法：**无生灭变化之法。

⑰**八十种好：**亦称“八十随形好”“八十微妙种好”等。指佛陀的容貌生来超越凡俗，有八十种特征。主要讲佛的头、面、鼻、口、眼、耳、手、足等长相奇特。如第一好，指甲狭长薄润，光洁明净，如花色赤铜；第三好，手足指头圆而细长柔软，不见骨节；第三十三好，鼻梁修长，不见鼻孔；第三十六好，眼睛青白分明；第四十二好，耳轮阔大，成轮埵形；第八十好，手足及胸，皆有吉祥喜旋之相（即卍字）等。

⑱**十八不共法：**十八种仅限于佛而不共同于其他二乘菩萨的法。一、身无失；二、口无失；三、念无失；四、无异想；五、无不定心；六、无不知己舍；七、

欲无灭；八、精进无灭；九、念无灭；一〇、慧无灭；一一、解脱无灭；一二、解脱知见无灭；一三、一切身业随智慧行；一四、一切口业随智慧行；一五、一切意业随智慧行；一六、智慧知过去世无碍；一七、智慧知未来世无碍；一八、智慧知现在世无碍。

⑲**如来身：**因果圆满之佛身。

⑳**大智：**谓通达一切事理的广大智慧。亦即佛智。

㉑**大乘经典：**“大乘”，即“大乘佛教”，公元一世纪左右在印度形成的佛教派别。“乘”是乘载的意思。大乘佛教自称能运载无量众生从生死大河之此岸到达菩提涅槃之彼岸，成就佛果，而贬称原始佛教和部派佛教为“小乘”。其与小乘佛教的不同，是主要提倡三世十方有无数佛，宣传大慈大悲、普度众生，把成佛度世、建立佛国净土作为最高目标。大乘佛教的经典，简称为大乘经典。

㉒**倒想：**颠倒之想。

㉓**调御驾驷：**“调御”，谓善于驾驭马车的人；“驾驷”，即驾驭着有四匹马拉的马车。

㉔**金翅鸟：**又名“妙翅鸟”，梵语音译“迦楼罗”。天龙八部众之一。两翅广大，住于须弥山下层，常取龙为食。因其翅翮金色，故名金翅鸟。

㉕**由旬：**古印度计算距离的单位，据《大唐西域记》卷二记载：以帝王一日行军之路程为一“由旬”。

译文

再其次，文殊！譬如有一位贫穷女子，没有家庭可以救助她、爱护她，加上为病苦、饥渴所逼迫，沦为乞丐，寄居于他人之客舍，而生下一子，客舍的主人把她赶走。她生产不久，携抱了她的儿子想要到其他国家去，在途中遇到狂风暴雨，又寒又苦，并且为蚊、虻、蜂等毒虫所螫咬。经过恒河时，抱儿而渡，遭到汹涌的大水漂流而不肯把儿子放开，终于母子两人同被淹死。这样的女子，由于慈悲之念的功德，命终之后，生于梵天。

文殊师利！如果有善男子想要护持正法，就不该说如来和一切生灭变化的有为法相同或不同，应当惭愧自己的愚痴，没有慧眼，不知如来正法是不可思议的。因此，不应该说如来是有为法或是无为法。若是具有正见者，应该说如来一定是无为法。为什么？因为如来能使众生生起善法，能使众生生起怜悯之心，犹如那贫穷女子在渡恒河时为爱念其子而牺牲身命一样。

善男子！护法菩萨也应该是这样，宁可牺牲自己的身命而不说如来相同于有为法，应当说相同于无为法。因为说如来相同于无为法，所以能得阿耨多罗三藐三菩提，如同那女子得生梵天一样。为什么？因为护持正法。什么叫护法？即所谓说如来相同于无为法。善男子！这样的人虽不求解脱，解脱自然而然会到来，就像那贫穷女子并不求生于梵天，最后自然而然会生于梵天一样。

文殊师利！譬如有人出门远行，途中因疲乏之极，就寄居于他人之舍，睡梦之中，其室忽遭大火，他马上惊醒。旋即自己考虑，我在今天定死无疑。因为非常惭愧自己过去所做的一切，所以以衣服缠住自己的身体，就此命终，生于忉利天。从这以后，满八十世后，返做大梵王，满百千世，转生于人中为转轮王。此人不再生于三恶趣，辗转常生于安乐之处。因为这样，文殊师利！若善男子有惭愧之心，不应把佛看成是同于一切生灭变化的有为法。文殊师利！外道邪见的人才会说如来同于有为法，持戒的比丘就不应该这样想：如来所说的法是有为法。如果说如来是有为的话，即是虚妄之语。当知此人死后会堕入地狱，就像有人住在自己的舍宅一样。

文殊师利！如来所说之法是真实的无为法，不应该再说是有为法。你从今日起，在生死流转中应抛弃无知，求于正智，应当知道，如来即是无为常住之法。如果能这样来看如来的话，因缘具足之后当得三十二相，并且很快成就阿耨多罗三藐三菩提。

这时候，文殊师利法王子称赞纯陀说：好极了！好极了！善男子！你如今已种下未来长寿的因缘种子，能够知道如来是常住之法、不变异之法、无为之法。你如今是善于覆盖如来有为之相，犹如那遭火灾之人，因为惭愧，所以将衣服覆盖自己的身体，以此惭愧的善心得生忉利天，又转生为梵王、转轮圣王，已不会再堕入恶趣，常受安乐。你也是这样，因为善于覆盖如来有为之相，在未来世必定会得到三十二相、八十种好和十八不共法、无量寿命，不在生死中流转，常受安乐，不久还得以成就应供、正遍知。

纯陀！这些道理，如来以后还要广说，我和你也都应当覆盖如来有为之相。有为、无为暂且一起放下，你可以随时迅速施给佛陀以饭食。这样的施食，是一切施食中最好的。如果有比丘、比丘尼、优婆塞、优婆夷四众弟子，出门远行，疲乏极了，他们所需之物，你应当以清净之物随时给予他们。这样的迅速施食，就是圆满具足檀波罗蜜的根本种子。纯陀！如果有最后施食给予佛陀及僧人，无论是多是少，或足够或不足够，都应该迅速及时，因为如来正当要般涅槃。

纯陀回答说：文殊师利！你如今是为了什么，执着于世间之食物而说多少、足够与不足够，命我及时施食呢？文殊师利！如来昔日苦行六年，尚能自己支持，况且今日还只是一会儿的时间呢？文殊师利！你的意思是说如来成正觉后还会受此施食吗？然而据我所知，如来身，就是法身，并不是需靠食物的有为之身。

这时候，佛告诉文殊师利说：是这样的，是这样的，就是纯陀所说的那样。好极了，纯陀！你已经是成就了微妙大智的人，善入甚深的大乘经典。

文殊师利对纯陀说：你说如来是无为者，如来之身就是长寿之身，若作这样的理解，也是佛所乐悦认可你的地方！

纯陀回答说：如来不是单独地乐悦认可于我，也还乐悦认可于一切众生。

文殊师利说：如来对你、对我、对一切众生都是乐悦认可的吗？

纯陀回答说：你不应该说如来乐悦认可。因为乐悦认可就是颠倒想，若有颠倒之想就是有生死，有生死就是有为法。因此文殊，千万不能说如来是有为法。如果说如来是有为法，我与你仁者都是有颠倒之想了。

文殊师利！如来是没有爱念之想的。所谓爱念，就像母牛爱念其子一样，虽然因为饥渴而去寻求水草，无论食饱与否，都会忽然想起其子而赶回到小牛身旁。诸佛世尊，就没有这样的爱念，同等看待一切众生，都像对待自己之子罗睺罗一样没有差别。像这样的平等慈念，就是一切诸佛的智慧境界。

文殊师利！譬如国王驾驭了驷马的车，要想使驴子所拉的车赶上它，那是不可能的事情。我与你仁者也是这样，要想穷尽如来的微密深奥之法，也没有这样的事情。

文殊师利！如金翅鸟飞上高空无限之高，下观大海，水中鱼、鳖、鼋、鼍、龟、龙之类，一览无遗，也能看见自己的身影，犹如面对明镜见到一切色身之像。凡夫少智的人是不能了知有这样观看能力的。我与你仁者也是这样，不能了知如来的智慧。

文殊师利听了以后，对纯陀说：是的，是的，确实如你所说。我对于此事不是不懂，是故意试一试你对于一切菩萨之事的看法。

原典

尔时，世尊从其面门出种种光，其光明照耀文殊身。文殊师利遇斯光已，即知是事，寻告纯陀：如来今者现是瑞相，不久必当入于涅槃，汝先所设最后供养，宜时奉献佛及大众。纯陀当知，如来放是种种光明，非无因缘。

纯陀闻已，情塞默然。

佛告纯陀：汝所奉施佛及大众，今正是时，如来正尔当般涅槃。第二、第三亦复如是。

尔时，纯陀闻佛语已，举声啼哭，悲咽而言：苦哉！苦哉！世间空虚。复白大众：我等今者一切当共五体投地，同声劝佛莫般涅槃。

尔时，世尊复告纯陀：莫大啼哭，令心憔瘁。当观是身犹如芭蕉、热时之炎、水泡、幻化乾闼婆城[①]、坏器[②]、电光；亦如画水[③]、临死之囚、熟果[④]、段肉[⑤]；如织经尽；如碓上下。当观诸行犹杂毒食，有为之法多诸过患。

于是纯陀复白佛言：如来不欲久住于世，我当云何而不啼泣？苦哉！苦哉！世间空虚。唯愿世尊，怜愍我等及诸众生，久住于世，勿般涅槃。

佛告纯陀：汝今不应发如是言，怜愍我故，久住于世。我以怜愍汝及一切，是故今欲入于涅槃。何以故？诸佛法尔，有为亦然。是故诸佛而说偈言：

有为之法，其性无常[⑥]；
生已不住[⑦]，寂灭为乐。

纯陀！汝今当观一切行杂诸法，无我[⑧]、无常、不住，此身多有无量过患，犹如水泡。是故汝今不应啼泣。

尔时，纯陀复白佛言：如是！如是！诚如尊教。虽知如来方便示现入于涅槃，而我不能不怀苦恼。覆自思维，复生庆悦。

佛赞纯陀：善哉！善哉！能知如来示同众生方便涅槃。纯陀！汝今当听，如娑罗娑鸟[⑨]，春阳之月，皆共集彼阿耨达池[⑩]。诸佛亦尔，皆至是处。

纯陀！汝今不应思维诸佛长寿、短寿，一切诸法皆如幻相[⑪]，如来在中，以方便力无所染着。何以故？诸佛法尔。

纯陀！我今受汝所献供养，为欲令汝度于生死诸有流[⑫]故。若诸人、天于此最后供养我者，悉皆当得不动果报[⑬]，常受安乐。何以故？我是众生良福田[⑭]故。汝若复欲为诸众生作福田者，速办所施，不宜久停。

尔时，纯陀为诸众生得度脱故，低头饮泪而白佛言：善哉！世尊！我若堪任为福田时，则能了知如来涅槃及非涅槃。我等今者及诸声闻、缘觉，智慧犹如蚊蚋，实不能量如来涅槃及非涅槃。

尔时，纯陀及其眷属，愁忧啼泣，围绕如来，烧香散华，尽心敬奉。寻与文殊从座而去，供办食具。其去未久，是时此地六种震动[⑮]，乃至梵世[⑯]亦复如是。地动有二：或有地动，或大地动。小动者名为地动，大动者名大地动；有小声者名曰地动，有大声者名大地动；独地动者名曰地动，山河、树木及大海水一切动者名大地动；一向动者名曰地动，周回旋转名大地动；动名地动，动时能令众生心动名大地动。菩萨初从兜率天[17]下阎浮提[18]时名大地动，从初生、出家、成阿耨多罗三藐三菩提、转于法轮[19]及般涅槃名大地动。今日如来将入涅槃，是故此地如是大动。

时诸天、龙、乾闼婆、阿修罗、迦楼罗、紧那罗、摩睺罗伽、人及非人[20]，闻是语已，身毛皆竖，同声哀泣，而说偈言：

稽首礼调御，我等今劝请；
违离于人仙[21]，永无有救护。
今见佛涅槃，我等没苦海；
愁忧怀悲恼，犹如犊失母；
贫穷无救护，犹如困病人；
无医随自心，食所不应食。
众生烦恼病，常为诸见[22]害；
远离法医师[23]，服食邪毒药[24]；
是故佛世尊，不应见舍离。
如国无君主，人民皆饥饿；
我等亦如是，失荫及法味[25]。
今闻佛涅槃，我等心迷乱；
如彼大地动，迷失于诸方。
大仙入涅槃，佛日[26]坠于地；

法水[27]悉枯涸，我等定当死。
如来般涅槃，众生极苦恼；
譬如长者子，新丧于父母。
如来入涅槃，如其不还者；
我等及众生，悉无有救护。
如来入涅槃，乃至诸畜生；
一切皆愁怖，苦恼焦其心。
我等于今日，云何不愁恼？
如来见放舍，犹如弃涕唾。
譬如日初出，光明甚晖炎；
既能还自照，亦灭一切暗。
如来神通光[28]，能除我苦恼；
处[29]在大众中，譬如须弥山。

注释

①**乾闼婆城**：亦名“寻香城”“蜃气楼”。“乾闼婆”，佛经中称之为乐神，能幻作楼阁，以使人观。而出现于空中的海市蜃楼，亦称作乾闼婆城，比喻事物的幻有无实。

②**坏器**：用泥土制成的器物，比喻事物之容易败坏。

③**画水**：画在纸上的水，比喻事物之虚无，没有

结果。

④**熟果**：成熟了的果子，马上要从树上掉下来，比喻时间的短暂。

⑤**段肉**：分段之肉，比喻事物已起变化。

⑥**无常**：指世间一切之法，都是生灭变化、刹那不停的。

⑦**不住**：指一切诸法，都是随缘而起，无所住着，故称不住。

⑧**无我**：谓因缘所生之法，没有常一主宰的我体，即指一切事物都没有独立的实在自体。有“人无我”“法无我”二类。

⑨**娑罗娑鸟**：又称“共行鸟”“白鹤”。形状如鸳鸯，较大，其声清雅，极为珍贵。

⑩**阿耨达池**：佛教中说在赡部洲之中心，香山之南，大雪山之北。以金银、琉璃等宝物装饰其岸。意思是极为稀有之池。

⑪**幻相**：虚幻而无实体之相。

⑫**生死诸有流**：“生死流”。谓生死诸有，宛如河海，能使人漂流。

⑬**果报**：众生的行为所感受的吉凶结果，谓之果报。

⑭**福田**：谓供养诸佛、菩萨，能受种种福报，犹如农夫播种于田地，有秋收之利一样，名为福田。

⑮**六种震动：**大地的六种震动。佛经中说有三种之六动：一、从时间上说的六动，即佛入胎时、出胎时、成道时、转法轮时、由天魔劝请将舍性命时、入涅槃时；二、从方位上说的动，即东涌西没、西涌东没、南涌北没、北涌南没、边涌中没、中涌边没；三、从形相上说的动，即极动、极涌、极震、极击、极吼、极爆。

⑯**梵世：**“梵世界”。色界诸天，为离淫欲之梵天所住，故名梵世。

⑰**兜率天：**六欲天之一。在夜摩天之上三亿二万由旬。此天一昼夜，相当人间四百年。居此天者，彻体光明，能照耀世界。其外院是六欲天之一部分，内院是弥勒所居的净土。

⑱**阎浮提：**亦称赡部洲。佛教称在须弥山之南方，实即我们居住的世界。

⑲**法轮：**对于佛法的一种比喻说法，因佛法能摧破众生烦恼和邪恶，犹如转轮王转动轮宝能摧破山岳岩石一样。又比喻佛所说法，如车轮旋转不停。后来佛说法即称为转法轮。

⑳**天、龙、乾闼婆、阿修罗、迦楼罗、紧那罗、摩睺罗伽、人及非人：**此即“八部众”（亦称“天龙八部”）中除“夜叉”加上人与非人。实际上天龙八部总称为“非人”。

㉑**人仙**：佛之德号，意谓佛是人中之仙。

㉒**诸见**：包括“断见”“常见”等一切邪见。

㉓**法医师**：比喻以佛法医治众生烦恼等苦的人。

㉔**邪毒药**：邪药和毒药。

㉕**法味**：妙法的滋味。谓咀嚼妙法就能心生快乐，故称之为法味。

㉖**佛日**：谓佛能破除众生之痴暗，犹如日光能除黑暗一样，故称为佛日。

㉗**法水**：谓妙法能洗去烦恼之尘垢，犹如水能洗物一样，故称为法水。

㉘**神通光**：谓佛陀以神通力放出的大光明。

㉙**处**：原作“虚”，今依《频伽藏》本改。

译文

这时候，佛世尊从脸上散发出种种光来，其光明照耀着文殊师利的全身。文殊师利遇到这光明后即知晓此事，接着就告诉纯陀：如来今天现出此光明瑞相，乃表示不久必当入于涅槃，你以前所准备的最后供养，应及时奉献给佛和大众。纯陀你应当知道，如来放出这种种光明，不是没有原因的。

纯陀听了以后，默然无声，悲痛之极。

佛就告诉纯陀说：你所奉献给佛及大众的供养，现在正是时候，如来正是在这时候要般涅槃。佛陀再三叮嘱。

这时，纯陀听佛说完此话后，随即放声大哭，同时悲痛地呜咽着说：苦极了！苦极了！世间变成空无一物了。又对大众说：我们大家今天应当一起五体投地，齐口同声劝佛不要般涅槃。

这时世尊又告诉纯陀说：不要大声啼哭，致使身心憔悴困苦。应当这样观想：此色身犹如芭蕉树、炎热的时候发出的阳焰、水中的泡沫、幻化出来的乾闼婆城、坏器、电光；又如画出来的水、临死之囚犯、熟透了的果子、分段之肉；又如织布时所用经线已穷尽；又如舂谷时所用的碓一上一下。应当这样观想：一切诸行皆如种种毒食，有为之法都有种种过患。

于是纯陀又对佛说：如来不想长久住世，我怎么能不啼哭？痛苦极了！痛苦极了！世间变成了空无一物。只愿世尊能怜悯我们及一切众生，长久住于此世，不要般涅槃。

佛告诉纯陀说：你不应该这样说，为了怜悯众生，所以应该久住于世间。我正是因为哀悯你们以及一切众生，所以如今要入于涅槃。为什么？因为一切诸佛，本然如此，有为法也是这样。因此一切诸佛作偈颂说：

一切有为法，其本性都是无常的；

生起以后不能永住，所以应该以寂灭为乐。

佛又告诉纯陀：你现在应当这样观想：一切诸法都是无我、无常、永不停留的，我们这个色身也都有无数的过患，犹如水泡一样不实。因此你不应该啼哭。

这时候纯陀又对佛说：是的！是的！诚如你所教导的那样。我虽然明明知道如来是方便示现而入于涅槃，但我却不能不怀有苦恼。不过现在反复思考，复生喜悦。

于是，佛就称赞纯陀：好极了！好极了！你能够知道如来是应众生机缘而方便示现入于涅槃。纯陀！你如今应该听我说，好像娑罗娑鸟，在阳春季节，都一起集合来到阿耨达池。一切诸佛也是这样，都要回到不生不灭的地方。

纯陀！你如今不应思考诸佛是长寿或短寿，要知道一切诸法皆如幻相，如来在这些幻相中以方便之力而无所染着。为什么？因为一切诸佛都是法尔如此的。

纯陀！我如今接受你所奉献的供养，为的是想使你度脱生死流转诸法。举凡一切人、天在这里最后供养我的，都应当得到毫不动摇的果报，常受一切安乐。为什么？因为我是众生最好的福田。你如果也要为一切众生做福田的话，必须迅速办好你所施之物，不宜长久停留。

这时候，纯陀为了使一切众生都能得度，便低头哭泣着对佛说：好极了！世尊！我如果能为众生做福田时，就能够了解如来的涅槃与非涅槃的含义。我们今天和一切声闻、缘觉的智慧，犹如蚊虫、蚂蚁一样，实在是不能衡量如来的涅槃与非涅槃的含义。

这时，纯陀及其眷属，都忧愁啼哭地围绕着如来，烧香、散花，尽心尽意地供奉如来，不久即与文殊菩萨离座而去。纯陀离开后，准备供办食具，此时大地六种震动，其震动的范围乃至色界诸天。地动有两种：一称地动，一称大地动。小动就名为地动，大动则名为大地动。也有的说法是声音小的名叫地动，声音大的名为大地动；单独地动的名叫地动，山河、树木及大海水一起动的名为大地动；朝着同一个方向动的叫地动，周回旋转而动的名为大地动；动名为地动，动的时候能使一切众生心动名为大地动。菩萨初从兜率天下降到阎浮提时名为大地动，菩萨从出生、出家、成道、转法轮及般涅槃也都称为大地动。如今如来将入涅槃，因而此地有这样的大地动。

此时一切天、龙、乾闼婆、阿修罗、迦楼罗、紧那罗、摩睺罗伽、人及非人，听了这些话以后，身上毫毛皆竖了起来，同声哀哭，而作偈颂说：

至诚顶礼世尊，我们如今向您殷勤劝请；

若我们远离了您，便永远不再有人来救护我们。

如今看见佛入涅槃，我们就要淹没于苦海之中；

怀着忧愁、悲痛和烦恼，犹如小牛失去了母牛；

贫穷时无人救护，犹如困苦中的病人；

没有了医生，随顺着自己的心意，所服的药都是不应该吃的。

众生烦恼之病，常常为一切邪见所危害；

远离了佛这样的医师，服食的都是邪毒之药；

因此佛世尊，您不应该舍离我们。

又如国家没有了君王，人民皆要遭受饥饿；

我们也是这样，失去了荫庇及妙法之滋味。

如今听见佛要涅槃，我们的心就生起迷乱；

像那大地震动一样，迷失了一切方向。

佛世尊入于涅槃，佛日下坠于地；

妙法之水都干枯了，我们必定会死去。

如来般涅槃了，众生极为苦恼；

譬如长者之子，丧失了父母。

如来入涅槃了，如果不再转生；

我们及众生，全都没有了救护之人。

如来入涅槃了，所有的人乃至畜生；

都将十分忧愁、恐怖，苦恼燃焦了他们的心。

我们在今天，怎么能不忧愁、苦恼？

如来现在离开我们了，我们就好像被弃舍的眼泪和唾沫。

譬如太阳初升起，其光明非常耀目和炎热；

不仅能照耀自身，更能灭除世间一切的黑暗。

如来的神通之光，能驱除我心中的一切苦恼；

它在大众之中，犹如须弥山那样之高。

原典

世尊！譬如国王生育诸子，形貌端正，心常爱念，先教伎艺，悉令通利，然后将付魁脍[①]令杀。世尊！我等今日为法王子，蒙佛教诲，以具正见[②]，愿莫放舍。如其放舍，则同王子。唯愿久住，不入涅槃。

世尊！譬如有人善学诸论，复于此论而生怖畏。如来亦尔，通达诸法，而于诸法复生怖畏。若使如来久住于世，说甘露味[③]，充足一切，如是众生则不复畏堕于地狱。世尊！譬如有人初学作务，为官所收，闭之囹圄，有人问之：汝受何事？答曰：我今受大忧苦。若其得脱，则得安乐。世尊亦尔，为我等故，修诸苦行[④]。我等今者犹未得免生死苦恼，云何如来得受安乐？

世尊！譬如医王，善解方药，偏以秘方教授其子，不教其余外受学者。如来亦尔，独以甚深秘密之藏[⑤]偏教文殊，遗弃我等，不见顾愍。如来于法应无悭吝[⑥]。如彼医王偏教其子，不教外来诸受学者。彼医所以不能普教，情存胜负，故有秘惜[⑦]。如来之心终无胜负，何故如是不见教诲？唯愿久住，莫般涅槃。

世尊！譬如老少病苦之人，离于善径，行于险路，路险涩难，多受苦恼。更有异人见之怜愍，即便示以平坦好道。世尊！我亦如是。所谓少者，喻未增长法身之人；老者，喻重烦恼；病者，喻未脱生死；险路者，喻二十五有[⑧]。唯愿如来示导我等甘露正道，久住于世，勿入涅槃。

尔时，世尊告诸比丘：汝等比丘！莫如凡夫、诸天人等愁忧啼哭，当勤精进[⑨]系心正念[⑩]。时诸天、人、阿修罗等，闻佛所说，止不啼哭，犹如有人殡丧子已止不啼哭。尔时，世尊为诸大众说是偈言：

汝等当开意[⑪]，不应大愁苦；
诸佛法皆尔，是故当默然。
乐不放逸行[⑫]，守心正忆念[⑬]；
远离诸非法，慰意受欢乐。

复次，比丘！若有疑念，今皆当问。若空不空[⑭]，若常无常[⑮]，若苦不苦[⑯]，若依非依[⑰]，若去不去[⑱]，若归非归[19]，若恒非恒[20]，若断若常[21]，若众生非众生[22]，若有若无[23]，若实不实[24]，若真不真[25]，若灭不灭[26]，若密不密[27]，若二不二[28]，如是等种种法中有所疑者，今应谘问，我当随顺[29]为汝断之。亦当为汝先说甘露，然后乃当入于涅槃。

诸比丘！佛出世难，人身难得，值佛生信是事亦难，能忍难忍[30]是亦复难，成就禁戒[31]，具足无缺，得阿罗汉果，是事亦难，如求金沙、优昙钵华[32]。

汝诸比丘！离于八难[33]得人身难，汝等遇我不应空过。我于往昔种种苦行，今得如是无上方便[34]。为汝等故，无量劫中舍身、手、足、头、目、髓、脑。是故汝等不应放逸。

汝等比丘！云何庄严[35]正法宝城[36]？具足种种功德、珍宝、戒定智慧[37]，以为墙、堑、埤垷[38]。汝今遇是佛法宝城，不应取此虚伪之物。譬如商主遇真宝城，及诸瓦砾而便还家。汝亦如是，值遇宝城取虚伪物。

汝诸比丘！勿以下心而生知足。汝等今者，虽得出家，于此大乘不生贪慕。

汝诸比丘！身虽得服袈裟染衣[39]，其心犹未得染大乘清净之法[40]。

汝诸比丘！虽行乞食经历多处，初未曾乞大乘法食[41]。

汝诸比丘！虽除须发，未为正法除诸结使[42]。

汝诸比丘！今当真实教敕汝等，我今现在大众和合[43]，如来法性真实不倒。是故汝等应当精进摄心[44]，勇猛摧诸结使。十力慧日[45]既灭没已，汝等当为无明所覆。

诸比丘！譬如大地诸山药草为众生用，我法亦尔，出生妙善甘露法味，而为众生种种烦恼病之良药。我今当令一切众生及以我子四部之众[46]，悉皆安住秘密藏中，我亦复当安住是中入于涅槃。

何等名为秘密之藏？犹如伊字三点[47]，若并则不成伊，纵亦不成，如摩醯首罗面上三目[48]，乃得成伊三点，若别亦不得成。我亦如是，解脱之法[49]亦非涅槃，如来之身亦非涅槃，摩诃般若[50]亦非涅槃，三法各异[51]亦非涅槃。我今安住如是三法，为众生故名入涅槃，如世伊字。

注释

①**魁脍**：意为专门切细肉的大厨师。

②**正见**：八正道之一，即远离一切邪倒之正观。

③**甘露味**：比喻佛法玄妙，咀嚼时有甘露味。

④**苦行**：指艰难困苦的修行。如实行自制，拒绝一切物质上的享受，忍受环境的压迫等。

⑤**秘密之藏**：“秘密藏”。此法甚深奥秘，不是凡夫

所能了知，只有佛陀才能理解。又如来对此法，苟非其人，秘而不宣，故称秘密之藏。

⑥**悭吝：**谓对财与法深为耽着，不肯施舍于人之心。

⑦**秘惜：**谓对事物秘密而不外露，珍惜而不肯教人。

⑧**二十五有：**谓三界共有二十五种有（果报）。其中欲界有十四有，即四恶趣、四洲、六欲天；色界有七有，即四禅天、初禅中之大梵天、第四禅中之净居天与无想天；无色界有四有，即四空处。

⑨**勤精进：**“勤”，亦译为“精进”，此处双举，是一个意思。为小乘有部七十五法之一，亦是大乘百法之一。作为“六度”之一，亦称“精进波罗蜜”。指修行者按佛教教义在修善断恶、去染转净的修行过程中，不懈地努力。

⑩**正念：**八正道（八圣道）之一。谓远离一切邪念，铭记四谛等佛教真理，最后趋向涅槃解脱的一种真实思念。

⑪**开意：**开心、适意的意思。

⑫**不放逸行：**努力一心修持诸善法，制伏贪、嗔、痴等诸烦恼的行为。

⑬**守心正忆念：**“守心”，即守护自心；“正忆念”，即端正忆念。

⑭**若空不空：**“空”，谓一切法都是因缘所生，没有

质的规定性和独立实体，假而不实，故谓之“空”；“不空”，诸法虽空，但不是虚无，因缘幻化名为假有，故谓之“不空”。此句指空与不空的含义。

⑮**若常无常**：“常”，指涅槃之法，常住不变；“无常”，指世间一切法生灭变化无常。此句讲常与无常的关系。

⑯**若苦不苦**：“苦”，谓烦恼逼迫身心。佛教认为人生一切皆苦，有四苦、八苦等。“不苦”，即“乐”，谓身心适悦。此句讲苦与乐的关系。

⑰**若依非依**：“依”，指事物的依止或依凭，如佛、法、僧三宝为修行者所依凭；“非依”，指不是事物的依止或依凭，如外道不是修行者的依凭。此句讲依与非依的关系。

⑱**若去不去**：“去”，谓正行出离；“不去”，谓邪行沉没。此句讲去与不去的关系。

⑲**若归非归**：“归”，即归趣，谓小乘趣向大乘；“非归”，即无所归趣，谓大乘无所归趣。此句讲归与非归的关系。

⑳**若恒非恒**：“恒”，即事物恒常不变；“非恒”，即事物有生灭变化。此句讲恒与非恒的关系。

㉑**若断若常**：“断”，即断灭，指生死有终断；“常”，即非断灭，谓涅槃是常。此句讲断与常的关系。

㉒**若众生非众生：**“众生”，指一切有情；“非众生”，指不属于众生一类，即佛。此句指众生与佛的关系。

㉓**若有若无：**“有”指一切存在，“无”指一切不存在。

㉔**若实不实：**“实”，谓真实，即涅槃、佛性等；“不实”，即不真实，谓生死流转之法、虚妄之法。此句讲真实与不真实的关系。

㉕**若真不真：**“真”与“不真”和前面所说的“实”与“不实”，基本上是同一含义，即涅槃之法是“真”，生死流转之法为“不真”。此句讲二者之间的关系。

㉖**若灭不灭：**“灭”，指四谛中的灭谛；“不灭”，谓四谛中的苦、集、道三谛。此句讲灭与不灭的关系。

㉗**若密不密：**秘密不秘密的意思。说法不一。有说小乘名“密”，因其覆盖真实；大乘名“不密”，因其显示真实。有说大乘深隐，故名为“密”；小乘粗显，故名“不密”。此句讲密与不密的关系。

㉘**若二不二：**“二”谓大乘、小乘；“不二”指一乘。此句讲二与不二的关系。

㉙**随顺：**意谓随从、顺应他人之意愿。

㉚**能忍难忍：**“忍”即“认可”。对于佛法能认可是难的，对于难以认可之法而加以认可，即谓之“能忍

难忍”。

㉛**禁戒：**指佛所制定的戒律，以禁非戒恶者。有五戒、八戒、具足戒等。

㉜**金沙、优昙钵华：**“金沙”，即黄金之沙；“优昙钵华”，即优昙花。此二者都是十分难得的事物，比喻得阿罗汉果是很难的。

㉝**八难：**指见佛闻法有八难，即一、地狱，二、饿鬼，三、畜生，四、郁单越（北俱卢洲），五、长寿天处，六、聋盲喑哑，七、世智辩聪，八、佛前佛后。

㉞**无上方便：**“无上”，意谓所得大涅槃果超过二乘，无有再上之者；“方便”，意谓无碍善巧的方法。

㉟**庄严：**装饰。以美好之物装饰国土，或以功德装饰依身，都称为庄严。

㊱**宝城：**谓充满珍宝之城郭。

㊲**戒定智慧：**学佛者修持的三学：戒学、定学、慧学。

㊳**墙、堑、埤埧：**城墙、壕沟和女墙。

㊴**袈裟染衣：**“袈裟”，僧人所着法衣，因法衣用杂色布制成，从色而言，称为袈裟；“染衣”，亦为僧人所着法衣，以青、黑、木兰三种坏色染成，故称染衣，实即袈裟的别称。

㊵**大乘清净之法：**大乘佛教远离恶行、烦恼的清净

之法。

㊶**大乘法食：**以法为食，谓之法食。此处是指未曾学习大乘法，所以说未曾乞大乘法食。

㊷**结使：**“结”和“使”的合称。二者均为烦恼的别名。烦恼系缚身心，结成苦果，称为“结”；烦恼随逐众生，驱使众生，称为“使”。

㊸**和合：**谓非常和谐地合在一起。

㊹**摄心：**谓将散乱之心摄归于一处。

㊺**十力慧日：**“十力”，谓如来所具有的十种力，即一、知觉处非处智力，二、知三世业报智力，三、知诸禅解脱三昧智力，四、知众生上下根智力，五、知种种解智力，六、知种种界智力，七、知一切至所道智力，八、知天眼无碍智力，九、知宿命无漏智力，十、知永断习气智力。“慧日”，即“佛日”，意谓佛智能照世间之盲冥、痴暗，故称为慧日。

㊻**四部之众：**四众佛弟子，谓比丘、比丘尼、优婆塞、优婆夷。

㊼**伊字三点：**梵文伊字，其形状从三点而成，即谓之“伊字三点”。它不能纵、横，只能成三角。按《悉昙字记》所记，短伊字写作“𑖂”，别体字作“品”。依别体字写法，非常符合文中“摩醯首罗面上三目”的说法。

㊽**摩醯首罗面上三目：**“摩醯首罗”，即大自在天，

为色界顶上之天神。他八臂三目骑白牛，故说他“面上三目”。

㊾**解脱之法**：指摆脱烦恼业障的系缚而得自由自在的法。

㊿**摩诃般若**：涅槃三德之一。亦称大智慧，为通达诸法实相的智慧。

(51)**三法各异**：“三法”，即前面所说的解脱法、如来身和摩诃般若。这三法是各不相同的。

译文

世尊！譬如国王生育了许多王子，形貌非常端正，国王心中非常爱念他们，先是教授他们各种技能，使他们都能通达熟悉，然后放弃他们，最后交付屠者，任他们宰杀剁割。世尊！我们今天已成为法王子，蒙佛教诲，得以具备正见，愿世尊不要舍弃我们。如果舍弃我们，就如同上面所讲的王子一样的下场。所以只愿世尊久住于世，不入涅槃。

世尊！譬如有人善于学习佛教一切经论，又对于此经论产生恐怖、畏惧的心理。如来也是这样，通达一切诸法，然而对于诸法又产生恐怖和畏惧之心。如果使如来久住于世，说甘露法，其味充满一切，像这样，众生就不会再怕堕入地狱。世尊！譬如有人初学劳作事务，后来，为官吏所捕，关在监牢之中，有人问他：你所遭受的是怎样的事？回答说：我如今遭受的是一大忧苦。如果能够得以摆脱这牢狱之苦，就能够得到安乐。世尊也是这样，为了救度我们所以修习一切苦行。我们今天还没有能免除生死之苦恼，怎么能说如来已经得受安乐呢？

世尊！譬如有大医王，善于通达方药，却只是以秘方教授他的儿子，而不教其余外来受学的人。如来也是这样，独以甚深的秘密佛藏教给文殊菩萨，而遗弃我们，不照顾、怜悯我们。如来对于佛法，应该毫不吝啬。难道像那大医王一样，只是教他的儿子，而不教外来的一切受学者？那位医师之所以不能普遍教导一切受学者，是因为情存优劣，所以有秘密爱惜自己儿子的事。如来之心是没有胜负、优劣的，为什么这样不肯教诲我们呢？所以愿佛永久住世，不要舍弃我们，而入涅槃。

世尊！譬如年老、幼小、病苦的人，离开了平坦大道，行走于险恶之路，由于道路险恶、崎岖，受了许多苦恼。更有不平凡的人，见之而起怜悯之心，即指示他以平坦大道。世尊！我也是这样。所谓幼小的人，是比喻尚未增长得法身之人；所谓年老的人，是比喻有粗重烦恼之人；所谓害病的人，是比喻尚未能度脱生死流转之苦之人；所谓险恶道路，则比喻二十五种有见的众生。唯愿如来能示导我们以甘露正道，长久住于世间，不要入于涅槃。

这时候，世尊告诉诸位比丘说：你们这些比丘，不要像凡夫和一切诸天人等一样，忧愁啼哭，应当努力精进，系心正念。其时一切天、人、阿修罗等，听了佛的劝告，都不再啼哭，犹如有人殡葬死去的儿子后便不再啼哭那样。这时候，世尊为一切大众说了这样的偈颂：

你们应当心开意解，不应当有大愁苦；
一切佛法本来如此，所以应当静默思维。
欣乐一切不放逸之行，守护自心，端正忆念；
远离一切非法之事，快慰地领受欢乐。

佛又对比丘们说：你们如果有疑问，如今都应当提出来问。像空与不空、常与无常、苦与不苦、依与非依、去与不去、归与非归、恒与非恒、断与常、众生与非众生、有与无、实与不实、真与不真、灭与不灭、密与不密、二与不二，像在这些种种法中有所疑问的，如今都应当提出来咨询，我当随顺大众的心意，为你们断疑。我也应当为你们先说甘露之法，然后再入于涅槃。

各位比丘！能遇佛出世是很难的，能获人身也是非常难得的。遇到佛而能生起信仰之心，此事也难。遇难以认可的佛法而能够认可，是更难得的。能成就禁戒，具足而无缺损，获得阿罗汉果，此事也是很难得的，犹如求取金沙和优昙钵花一样。

各位比丘！离开八难而得人身是很难的，你们遇见了我就不应当空过。我在过去行种种苦行，如今得到这样的无上方便。为了你们，我在过去无量劫的时间里，施舍了身、手、足、头、眼、骨髓、大脑等。因此你们不应该放逸。

各位比丘！应怎样庄严此正法宝城？首先应该圆满具足种种功德、珍宝、戒定慧等，以戒、定、慧作为城墙、壕沟和女墙。如今你们遇见了佛法宝城，不应贪取此虚伪之物。譬如一个大商主，虽遇见了真正的宝城，却只取了一些瓦砾就赶回家了。你们也是这样，遇到了宝城却只取一些虚伪之物。

各位比丘！你们不可有卑下心，以小小成就便生起满足之念。你们现在虽已出家，但对于此大乘佛法却不生贪慕之心。

各位比丘！身虽披袈裟染衣，但心犹未浸染大乘的清净之法。

各位比丘！虽经历了许多地方进行乞食，但一开始就未曾乞得大乘法食。

各位比丘！你们虽已除去了须发，但还未为正法除去一切烦恼。

各位比丘！我如今当真实地教敕你们，我如今与大众和合共住，如来法性就会真实不颠倒。因此你们应当努力精进收摄自心，勇猛地摧破一切烦恼。如来十力慧日灭没以后，你们就要为无明所覆盖。

各位比丘！譬如大地诸山生长有草药，为众生所用，我说的佛法也是这样，也会生出许多妙善的甘露法味，而作为医治众生种种烦恼病之良药。我如今要使一切众生以及菩萨四部之众，全部都安住在证得大涅槃的秘密藏中，我也将安住其中，入于涅槃。

什么是秘密之藏？犹如古代西域文字中的“伊”（梵字𑖂）字三点，其三点如果并在一起就不成为一个“伊”（𑖂）字，三点竖起来也不成“伊”字，一定要像摩醯首罗脸上三目，才能成为“伊”字三点。如果三点位置各别，也不能成为“伊”字三点。我也是这样，如解脱之法不是涅槃，如来之身也不是涅槃，摩诃般若也不是涅槃，教、行、证三法各异也不是涅槃。我如今安住在教、行、证三法，为了众生所以名为入涅槃，如世间所说的“伊”字。

原典

尔时，诸比丘闻佛世尊定当涅槃，皆悉忧愁，身毛为竖，涕泪盈目，稽首佛足，绕无量匝白佛言：世尊！快说无常、苦、空、无我[①]。世尊！譬如一切众生迹中，象迹为上。是无常想[②]亦复如是，于诸想中最为第一。若有精勤修习之者，能除一切欲界欲爱[③]，色、无色爱[④]、无明、憍慢及无常想。

世尊！如来若离无常想者，今则不应入于涅槃。若不离者，云何说言修无常想，离三界爱、无明、憍慢及无常想？

世尊！譬如农夫秋月之时深耕其地，能除秽草。是无常想亦复如是，能除一切欲界欲爱，色、无色爱、无明、憍慢及无常想。世尊！譬如耕田，秋耕为胜，如诸迹中，象迹为胜，于诸想中，无常想为胜。

世尊！譬如帝王知命将终，恩赦天下，狱囚系闭[⑤]，悉令得脱，然后舍命。如来今者亦应如是，度诸众生，一切无知[⑥]、无明系闭，皆令解脱，然后乃入于般涅槃。我等今者皆未得度，云何如来便欲放舍，入于涅槃？

世尊！譬如有人为鬼所持，遇良咒师[⑦]，以咒力[⑧]故便得除差[⑨]。如来亦尔，为诸声闻除无明鬼[⑩]，令得安住摩诃般若、解脱等法，如世伊字。

世尊！譬如香象[11]为人所缚，虽有良师不能禁制，顿绝羁锁[12]，自恣而去。我未如是脱五十七烦恼[13]系缚，云何如来便欲放舍，入于涅槃？

世尊！如人病疟，值遇良医，所苦得除。我亦如是，多诸患苦邪命热病，虽遇如来，病未除愈，未得无上安隐常乐[14]，云何如来便欲放舍，入于涅槃？

世尊！譬如醉人不自觉知，不识亲疏、母女、姊妹，迷荒淫乱，言语放逸，卧粪秽中。时有良医，与药令服，服已吐酒还自忆识[15]，心怀惭愧，深自克责。酒为不善诸恶根本，若能除断，则远众罪。

世尊！我亦如是，往昔已来，轮转生死，情色所醉，贪嗜五欲[16]，非母母想[17]，非姊姊想[18]，非女女想[19]，于非众生生众生想[20]，是故轮转受生死苦，如彼醉人卧粪秽中。如来今当施我法药[21]，令我还吐烦恼恶酒，而我未得醒寤之心[22]，云何如来便欲放舍，入于涅槃？

世尊！譬如有人叹芭蕉树以为坚实，无有是处。世尊！众生亦尔。若叹我、人、众生、寿、命、养育、知、见、作者、受者[23]是真实者，亦无是处。我当如是修无我想[24]。世尊！譬如浆滓，无所复用。是身亦尔，无我无主[25]。

世尊！如七叶华，无有香气。是身亦尔，无我无主。我等如是心常修习无我之想，如佛所说，一切诸法无我、我所[26]，汝诸比丘应当修习，如是修已则除我慢[27]，离我慢已便入涅槃。世尊！譬如鸟迹，空中现者，无有是处。有能修习无我想者而有诸见，亦无是处。

尔时，世尊赞诸比丘：善哉！善哉！汝等善能修无我想。

时诸比丘即白佛言：世尊！我等不但修无我想，亦更修习其余诸想，所谓苦想、无常想、无我想。世尊！譬如人醉，其心愐眩，见诸山河、石壁、草木、宫殿、屋舍、日、月、星辰，皆悉回转。世尊！若有不修苦、无常想、无我等想，如是之人，不名为圣，多诸放逸，流转生死。世尊！以是因缘，我等善修如是诸想。

注释

①**无常、苦、空、无我：**指“四法印”，即“无常”，谓世间一切诸法，生灭变化，刹那不停；“苦”，谓人生一切皆苦；“空”，谓一切因缘所生之法，究竟而无实体；“无我”，谓人、法等世间一切事物皆无独立的实在自体。

②**无常想：**谓世间一切都作无常之想。

③**欲爱：**欲界凡夫对于五欲的贪爱。

④**色、无色爱：**谓色界、无色界的贪爱。

⑤**狱囚系闭：**意谓监押囚犯的监狱都关闭了，没有

了犯人。

⑥**无知：**谓其心昏暗，不能知照事物之理，即没有知识。

⑦**咒师：**以咒语驱鬼降妖的人，佛教称结诵印明做加持祈祷之法师为咒师。

⑧**咒力：**神咒之威力。

⑨**除差：**“除”谓驱除，“差”谓痊愈。即驱除掉。

⑩**无明鬼：**无明之鬼，意谓无明和魔鬼一样。

⑪**香象：**谓身出香风之象。

⑫**顿绝羁锁：**谓顿时挣脱了系缚它的锁。

⑬**五十七烦恼：**即五十七种烦恼。《大般涅槃经集解》卷六谓：五十七者，依上结名爱、慢、无明，横通五行，为十五也；竖通三界，合为四十五也。无常是见，四谛亦通三界，四谛十二，合五十七也。

⑭**安隐常乐：**身心安稳，怡然常乐，不为五浊八苦所危，不被风雨霜雪所动。

⑮**还自忆识：**谓清醒过来，恢复了记忆和意识。

⑯**五欲：**为追求色、声、香、味、触五境而起的五种情欲。亦称财、色、饮食、名、睡眠五者为五欲。

⑰**非母母想：**谓对于本来不是母亲的人看成是母亲。

⑱**非姊姊想：**谓对于本来不是姐姐的人看成是姐姐。

⑲**非女女想：**谓对于本来不是女儿的人看成是女儿。

⑳**非众生生众生想：**谓对于本来不是众生的人看成是众生。

㉑**法药：**比喻妙法能医治众生之苦，故谓之法药。

㉒**醒寤之心：**觉醒之心。

㉓**我、人、众生、寿、命、养育、知、见、作者、受者：**十六知见（又称十六神我）中的十种，认为都是实有。“我”，于五蕴等法中计有我和我所之实；“人”，于五蕴法中，妄计我为能修行之人，异于不能修行之人，又我生于人道，异于余道；“众生”，于五蕴等法中计有实在的众生；“寿”，于五蕴法中计有我受一期之报；“命”，于五蕴法中，妄计我之命根连续不绝；“养育”，于五蕴法中妄计我能养育他人及我为父母所养育；“知”，于五蕴法中妄计我有五根能知五尘；“见”，于五蕴法中妄计我有眼根能见一切色相；“作者”，于五蕴法中妄计我有身、力、手、足，而能做事；“受者”，于五蕴法中妄计我后身当受罪福之果报。

㉔**无我想：**一切法无我之想。意即把世界上一切事物都看成是没有独立的实在自体。

㉕**无我无主：**没有独立的实在自体，没有主宰一切的作用。

㉖**无我、我所：**没有我也没有我所有的一切事物。

㉗**我慢：**谓自高自大，傲慢无礼。

译文

这时候，各位比丘听到佛世尊一定要入涅槃，都十分忧愁，浑身毫毛皆竖，涕泪盈眶，稽首佛足，绕行无数匝而对佛说：世尊！快说无常、苦、空、无我四法。世尊！譬如一切众生的足迹中，以象的足迹为最胜最大一样。此无常想也是如此，在一切想中最为第一。如果能依之而精勤修习的人，就能灭除一切欲界的欲爱和色界、无色界的爱、无明、骄慢以及无常之想。

世尊！如来若是远离无常想的话，如今就不应当入于涅槃。如果说是不远离无常想的话，那为什么又说要修习无常想，远离三界的爱、无明、骄慢以及无常之想？

世尊！譬如农夫在秋天深耕其地能除杂草那样。此无常想也是如此，能除一切欲界的欲爱和色界、无色界的爱、无明、骄慢以及无常之想。世尊！譬如耕田以秋耕为最胜，犹如一切足迹中以象迹为最胜最大一样，在一切想中，以无常想为最胜。

世尊！譬如帝王自知其命将终，就恩赦天下的狱中囚犯，打开牢门，使他们全部解脱自由，然后再舍命。如来如今也应该这样，广度众生一切无知、无明的系缚，都使他们得到解脱，然后才入于般涅槃。反观我们如今都还没有得度，为什么如来就要舍弃我们入于涅槃呢？

世尊！譬如有人为恶鬼所劫持，遇到好的驱鬼咒师，以咒语的力量便将鬼驱除。如来也是这样，能为一切声闻驱除无明之鬼，使他们安住摩诃般若、解脱等法，如世间所说的“伊”字那样。

世尊！譬如香象为人所缚住，虽有良师，也禁制不住它，顿时挣脱了系缚它的锁，自己逃去。我们还没有做到摆脱五十七种烦恼的系缚，怎么如来便要舍弃我们而入于涅槃？

世尊！犹如有人患疟疾，巧遇良医，病苦得除。我们也是这样，有许多忧患、苦恼的邪命热病，虽然遇到了如来，但是病还没有痊愈，尚未得到无上的安乐，怎么如来便要舍弃我们而入于涅槃呢？

世尊！譬如一个喝醉了酒而失去知觉的人，不识亲疏，连自己的母亲、女儿、姐妹也不认识，因而迷荒淫乱，言语放荡，卧于粪秽之中而不自知。那时有良医给他服药，将酒吐出，清醒过来，恢复了记忆，心中自觉惭愧，深自责备。酒为不善之诸恶根本，如果能够戒绝，则能远离一切罪恶。

世尊！我们也是这样，在过去漫长的岁月里，轮转于生死之间，为情色所醉，贪嗜五欲，把本来不是母亲的人看成是母亲，不是姐姐的人看成是姐姐，不是女儿的人看成是女儿，本来不是众生的人看成是众生，所以轮转于六道，受生死之苦，犹如那喝醉了酒的人卧于粪秽之中一样。如来现在应当施与我们法药，使我们吐出那烦恼的恶酒。而我们如今尚未得到清醒觉悟，怎么如来便要舍弃我们而入于涅槃呢？

世尊！譬如有人赞叹芭蕉树，以为非常坚实，这是没有道理的。世尊！众生也是这样。如果赞叹我相、人相、众生相、寿者相、命、养育、知、见、作者、受者等都是真实不虚的话，这也是不对的。我们应该这样来修习无我之想。世尊！譬如浆水的渣滓，已不可能再加使用。这色身也是这样，没有独立的自体，没有主宰。

世尊！譬如七叶花，没有香气。这色身也是这样，同样没有独立的自体，没有主宰。我们心中常常修习无我之想，就像佛所说的，一切诸法无我、我所，诸位比丘应当这样修习。像这样修习后，就能够除掉我慢，远离我慢后，便入涅槃。世尊！譬如鸟飞过后，其足迹显现在空中而能看见，是不可能的。如有人修习无我想，而还有一切邪见者，也是不可能的。

这时候，世尊称赞诸位比丘说：好极了！好极了！你们善能修习无我之想。

此时诸比丘就对佛说：世尊！我们不但修习无我

想，而且还修习其他诸想，如苦想、无常想、无我想等。世尊！譬如有人醉酒，其心昏醉迷乱，所见到的一切山河、石壁、草木、宫殿、屋舍、日、月、星辰等，都在眼前回转不停。世尊！如果不修习苦想、无常想、无我等想，这样的人，就不能称为圣人，因为此人有许多放荡，所以会流转于生死轮回之中。世尊！由于这许多原因，所以我们都修习苦、无常等种种之想，以求解脱。

原典

尔时，佛告诸比丘：谛听！谛听！汝向所引醉人喻者，但知文字，未达其义。何等为义？如彼醉人见上日、月，实未回转生回转想。众生亦尔，为诸烦恼、无明所覆，生颠倒心，我计无我，常计无常，净计不净，乐计为苦，以为烦恼之所覆故。虽生此想，不达其义。如彼醉人，于非转处而生转想。

我者即是佛义，常者是法身义，乐者是涅槃义，净者是法义。汝等比丘，云何而言有我想者，憍慢贡高，流转生死？汝等若言，我亦修习无常、苦、无我等想，是三种修无有实义。

我今当说胜三修法[1]：苦者计乐，乐者计苦，是颠倒法[②]；无常计常，常计无常，是颠倒法；无我计我，我计无我，是颠倒法；不净计净，净计不净，是颠倒法。有如是等四颠倒法[③]，是人不知正修诸法。

汝诸比丘！于苦法中生于乐想，于无常中生于常想，于无我中生于我想，于不净中生于净想。世间亦有常、乐、我、净，出世亦有常、乐、我、净。世间法者有字无义，出世间者有字有义。

何以故？世间之法有四颠倒故不知义。所以者何？有想颠倒[④]、心倒[⑤]、见倒[⑥]。以三倒故，世间之人乐中见苦，常见无常，我见无我，净见不净，是名颠倒。以颠倒故，世间知字而不知义。

何等为义？无我者名为生死，我者名为如来；无常者声闻、缘觉[⑦]，常者如来法身；苦者一切外道[⑧]，乐者即是涅槃；不净者即有为法，净者诸佛、菩萨所有正法，是名不颠倒。以不倒故，知字知义。若欲远离四颠倒者，应知如是常、乐、我、净。

时诸比丘白佛言：世尊！如佛所说离四倒者，则得了知常、乐、我、净。如来今者永无四倒，则已了知常、乐、我、净。若已了知常、乐、我、净，何故不住一劫半劫[⑨]教导我等，令离四倒，而见放舍，欲入涅槃？

如来若见顾念教敕[⑩]，我当至心顶受[⑪]修习。如来若入于涅槃者，我等云何与是毒身[⑫]同共止住修于梵行？我等亦当随佛世尊入于涅槃。

尔时，佛告诸比丘：汝等不应作如是语。我今所有无上正法，悉以付嘱摩诃迦叶[13]。是迦叶者，当为汝等作大依止。犹如如来为诸众生作依止处，摩诃迦叶亦复如是，当为汝等作依止处。譬如大王多所统领，若游巡时，悉以国事付嘱大臣。如来亦尔，所有正法亦以付嘱摩诃迦叶。

汝等当知，先所修习无常、苦想非是真实，譬如春时有诸人等，在大池浴乘船游戏，失琉璃宝[14]，没深水中。是时诸人悉共入水，求觅是宝，竞捉瓦石、草木、沙砾，各各自谓得琉璃珠，欢喜持出，乃知非真。是时宝珠犹在水中，以珠力故，水皆澄清，于是大众乃见宝珠，故在水下，犹如仰观虚空月形。是时众中有一智人[15]，以方便力安徐入水，即便得珠。

汝等比丘！不应如是修习无常、苦、无我想、不净想等，以为实义，如彼诸人各以瓦石、草木、沙砾而为宝珠。汝等应当善学方便，在在处处常修我想，常、乐、净想[16]。复应当知先所修习四法[17]相貌，悉是颠倒。欲得真实修诸想者，如彼智人巧出宝珠，所谓我想，常、乐、净想。

尔时，诸比丘白佛言：世尊！如佛先说诸法无我，汝当修学。修学是已，则离我想，离我想者，则离憍慢，离憍慢者，得入涅槃。是义云何?

注释

①**胜三修法**："胜"谓胜义，即胜过世间世俗见解的深妙义理；"三修法"，此处指修常、乐、我三法。

②**颠倒法**：对于一切事理的颠倒看法，如把苦看作是乐，把乐看作是苦等。

③**四颠倒法**：有两种。一、凡夫之四颠倒法：常颠倒，对于世间无常之法而起常见者；乐颠倒，对于世间之诸苦而起乐见者；我颠倒，对于世间之无我法而起我见者；净颠倒，对于世间之不净法而起净见者。二、二乘之四颠倒：无常颠倒，对于涅槃之常而计为无常；无乐颠倒，对于涅槃之乐而计为无乐；无我颠倒，对于涅槃之我而计为无我；无净颠倒，对于涅槃之净而计为无净。

④**想颠倒**：三颠倒之一，即对于六尘之境而认为是不合道理的。

⑤**心倒**：三颠倒之一，即以妄心、邪识了知事物。

⑥**见倒**：三颠倒之一，即对于一切事理的虚幻而认为是实有。

⑦**缘觉**：意为不从他闻，自己观悟十二因缘之理而

得觉悟者。

⑧**一切外道：**泛指释迦在世时的六师外道和九十六种外道等。

⑨**一劫半劫：**“劫”，为“劫波”之略。佛教中的时间概念，意为极久远的时节。一般分为大劫、中劫、小劫。谓世上人的寿命有增有减，每一增（人寿自十岁开始，每百年增一岁，增至八万四千岁）及一减（人寿自八万四千岁开始，每百年减一岁，减至十岁），各为一小劫，合一增一减为一中劫。一大劫包括成、住、坏、空四个时期，每个时期包括二十中劫，即一大劫包括八十中劫。“一劫半劫”，形容时间极长。

⑩**教敕：**师父对弟子教导、告诫。

⑪**至心顶受：**至心，谓至诚之心；顶受，谓五体投地，以头顶礼尊者之足，表示信受。

⑫**毒身：**恶毒之身。

⑬**摩诃迦叶：**大迦叶，释迦牟尼十大弟子之一。因他少欲知足，常修头陀行，被称为“头陀行第一”。为佛教第一次结集的召集人。

⑭**琉璃宝：**七宝之一。为青色之宝石，莹澈有光。

⑮**智人：**有智慧的聪明人。

⑯**常、乐、净想：**涅槃四德常、乐、我、净之想。

⑰**四法：**指无常、苦、空、无我四法印。

译文

这时候，佛陀告诉各位比丘说：仔细地听！仔细地听！你们前面所引醉人的比喻，但知文字，尚未通达其意义。什么是其真实意义呢？如那个喝醉了酒的人，看见天上的日、月，实际上不是在回转不停，而他却起一种回转不停的想法。众生也是这样，都被一切烦恼无明所覆盖，而生起颠倒之心，把我看成是无我，常看成是无常，净看成是不净，乐看成是苦，以为这都是因为被烦恼所覆盖而造成。因此，他们虽生起这些想法，但却不能通达其意义。就像那醉人一样，对于不是回转不停的事物，生起一种回转不停的想法。

"我"的含义就是佛；"常"的含义就是法身；"乐"的含义就是涅槃；"净"的含义就是法。你们这些比丘，怎么能说有我想的人，就会生起自高自大的烦恼，从而流转于生死轮回之中？你们如果说，我亦修习无常、苦、无我等想，殊不知这三种修习，都没有真实的意义。

我如今为你们说胜义的三种修习法：把苦看成乐，乐看成苦，是颠倒法；把无常看成常，常看成无常，是颠倒法；把无我看成我，我看成无我，是颠倒法；把不净看成净，净看成不净，是颠倒法。有这四颠倒法，是因为这些人不知道正修一切诸法。

诸位比丘！你们在苦法中生起乐想，在无常法中生起常想，在无我法中生起我想，在不净法中生起净想。要知道，世间有常、乐、我、净，出世间也有常、乐、我、净。世间法讲常、乐、我、净是只有文字的表面，没有深刻的含义；出世间法讲常、乐、我、净是既有文字的表面，也有深刻的含义。

为什么？因为世间之法有四颠倒，但不知道其含义。这又是为什么？因为有想颠倒、心颠倒和见颠倒。有此三种颠倒，所以世间之人，于乐中见苦，常中见无常，我中见无我，净中见不净，这就叫作颠倒。因为这样理解颠倒，所以世间法只是知道文字的表面而不知其深刻的含义。

什么是其真实含义？无我者名为生死，我者名为如来；无常者是为声闻、缘觉，常者是为如来法身；苦者是为一切外道，乐者即是涅槃；不净者即是有为法，净者即是诸佛、菩萨所有的一切正法，这就叫作不颠倒。因为不颠倒，所以说为既知表面文字，也知深刻含义。如果想要远离四颠倒的话，应该了解这样的常、乐、我、净。

此时各位比丘对佛说：世尊！听了如来所说远离四颠倒的话，得以了解常、乐、我、净的含义。如来现在永无四颠倒，就是已经了解了常、乐、我、净的含义。

如果已经了解了常、乐、我、净的含义，为什么佛陀不住一劫半劫那样长的时间来教导我们，使我们远离四颠倒，而要舍弃我们，入般涅槃？

如来如果能顾念我们，对我们进行教诲、敕示，我们当以至诚的心顶礼拜受而修习。如来如果入般涅槃了，我们怎么能与此恶毒之身共同去修习梵行？因此我们也应当追随佛世尊而入于涅槃。

这时候，佛又告诉各位比丘说：你们不应该说这样的话。因为我现在已把所有的无上正法全部都付嘱给摩诃迦叶了。摩诃迦叶将成为你们最大的依靠。好像如来为一切众生做依靠一样，摩诃迦叶也是这样，将为你们做依靠。譬如有国王统领一切，如果在出外巡游时，就将全部国事付嘱给大臣。如来也是这样，所有无上正法也都付嘱给摩诃迦叶。

你们应该知道，先前所修习的无常想、苦想等，不是真实的，譬如春天，有人在大池塘中洗澡、乘船游戏，但一不留心，把琉璃宝失落在深水中。此时众人都跳进水中寻觅此宝，大家找到了一些瓦石、草木、沙砾等，都自以为得到了琉璃宝珠，而欢喜雀跃，拿出水一看，乃知并不是真的宝珠。此时宝珠还在水中。由于宝珠有净水之力，不久池水皆净化澄清，于是大家看到宝珠仍在水中，犹如仰观天空中的月亮一样明显。此时在众人中有一位智慧很高的人，以巧妙的方法，徐徐入水就得着了宝珠。

诸位比丘！不应该这样来修习无常、苦、无我想和不净想等，以为是实有的，这好像是众人各以瓦石、草木、沙砾当作宝珠一样。你们应当善于学习巧妙的方法，随时随地常常修习我想、常想、乐想、净想。还应当知道，你们以前修习的无我、无常、苦、不净四法的相貌，都是颠倒。要想真实修习诸想，就要像那具有很高智慧的人，以巧妙的方法从水中取出宝珠那样，这就是所谓我想、常想、乐想、净想。

这时候，比丘们就对佛说：世尊！如佛前面所说诸法无我，你们应当修学。修学以后就能远离我想，远离了我想就能远离妄自尊大，远离妄自尊大，就可以入般涅槃。这样理解，对不对？

原典

佛告诸比丘：善哉！善哉！汝今善能谘问是义，为自断疑。譬如国王暗钝少智，有一医师性复顽嚚，而王不别，厚赐俸禄。疗治众病，纯以乳药，亦复不知病起根源。虽知乳药，复不善解，或有风病、冷病、热病，一切诸病，悉教服乳。是王不别是医知乳好丑、善恶。

复有明医晓八种术[①]，善疗众病，知诸方药，从远方来。是时旧医不知谘受，反生贡高轻慢之心。彼时明医即便依附，请以为师，谘受医方秘奥之法。语旧医言：我今请仁以为师范，唯愿为我宣畅解说。

旧医答言：卿今若能为我给使四十八年，然后乃当教汝医法。时彼明医即受其教，我当如是，我当如是，随我所能，当给走使。

是时旧医即将客医共入见王，是时客医即为王说种种医方及余伎艺。大王当知，应善分别此法如是可以治国，此法如是可以疗病。

尔时，国王闻是语已，方知旧医痴騃无智，即便驱逐令出国界，然后倍复恭敬客医。

是时客医作是念言：欲教王者，今正是时。即语王言：大王！于我实爱念者，当求一愿。

王即答言：从此右臂及余身分，随意所求，一切相与。

彼客医言：王虽许我一切身分，然我不敢多有所求。今所求者，愿王宣令一切国内，从今已往，不得复服旧医乳药。所以者何？是药毒害，多伤损故。若故服者，当斩其首。断乳药已，终更无有横死之人，常处安乐，故求是愿。

时王答言：汝之所求，盖不足言。寻为宣令一切国内，有病之人，皆悉不听以乳为药，若为药者，当斩其首。尔时客医以种种味和合众药，谓辛、苦、咸、甜、醋等味，以疗众病，无不得差。

其后不久，王复得病，即命是医：我今病重，困苦欲死，当云何治？

医占王病，应用乳药。寻白王言：如王所患应当服乳，我于先时所断乳药，是大妄语②，今若服者，最能除病，王今患热，正应服乳。

时王语医：汝今狂耶？为热病乎？而言服乳能除此病。汝先言毒，今云何服？欲欺我耶？先医所赞，汝言是毒，令我驱遣，今复言好，最能除病。如汝所言，我本旧医定为胜汝。

是时客医复语王言：王今不应作如是语，如虫食木有成字者，此虫不知是字非字。智人见之终不唱言，是虫解字，亦不惊怪。大王当知，旧医亦尔，不别诸病，悉与乳药，如彼虫道偶成于字。是先旧医不解乳药好丑、善恶。

时王问言：云何不解？

客医答王：是乳药者，亦是毒害，亦是甘露。云何是乳复名甘露？若是牸牛不食酒糟、滑草、麦麮；其犊调善，放牧之处，不在高原，亦不下湿；饮以清流，不令驰走；不与特牛同共一群，饮喂调适，行住得所。如是乳者，能除诸病，是则名为甘露妙药。除是乳已，其余一切皆名毒害。

尔时，大王闻是语已，赞言：大医！善哉！善哉！我从今日始知乳药善恶、好丑。即便服之，病得除愈。寻时宣令一切国内，从今已往当服乳药。

国人闻之，皆生嗔恨，咸相谓言：大王！今者为鬼所持，为狂颠耶，而诳我等复令服乳？一切人民皆怀嗔恨，悉集王所。

王言：汝等不应于我而生嗔恨。而此乳药服与不服，悉是医教，非是我咎。

尔时，大王及诸人民，踊跃欢喜，倍共恭敬供养是医。一切病者皆服乳药，病悉除愈。

汝等比丘，当知如来、应[③]、正遍知、明行足[④]、善逝[⑤]、世间解[⑥]、无上士、调御丈夫、天人师[⑦]、佛世尊，亦复如是，为大医王出现于世，降伏一切外道[⑧]邪医，诸王众中唱如是言：我为医王。欲伏外道，故唱是言：无我、无人、众生、寿、命、养育、知、见、作者、受者。

比丘当知，是诸外道所言我者，如虫食木偶成字耳，是故如来于佛法中唱是无我，为调众生故。为知时故，说是无我。有因缘故，亦说有我。如彼良医，善知于乳是药非药，非如凡夫所计吾我。凡夫、愚人所计我者，或言大如拇指，或如芥子，或如微尘⑨。如来说我，悉不如是，是故说言：诸法无我，实非无我。

何者是我？若法是实、是真、是常、是主、是依性不变易者，是名为我，如彼大医善解乳药。如来亦尔，为众生故，说诸法中真实有我。汝等四众，应当如是修习是法。

注释

①**八种术：**八种医术：一、知病体；二、知病因；三、知病象；四、知病处，或在五脏，或在关节；五、知病时；六、知药，识其药的体性；七、知治，即知道何种药能治何种病；八、知禁，即知道服何种药须忌何种食。

②**大妄语：**"妄语"，即诳言。十恶之一。谓以欺人之意作不实之言。"大妄语"，即大诳言。一般是指"未得道而自称得道，未证果而自称证果"。

③**应：**应供，佛十号之一。谓佛应受人、天之供养，故名应供。

④**明行足：**佛十号之一。"明"，谓阿耨多罗三藐三菩提；"行足"，意为"脚足"，指戒、定、慧。佛依戒、定、慧之脚足而得阿耨多罗三藐三菩提，故名明行足。

⑤**善逝**：佛十号之一。谓佛以一切智为大车，行八正道而入涅槃，故名善逝。

⑥**世间解**：佛十号之一。谓佛能解世间之一切有情、非情等事，故名世间解。

⑦**天人师**：佛十号之一。谓佛是人及天之导师，能教示他们哪些应该做，哪些不应该做，故名天人师。

⑧**外道**：指佛教之外的其他宗教哲学派别。

⑨**微尘**：色体之极小者称为“极微”，七倍极微，即称为“微尘”。

译文

佛告诉各位比丘说：好极了！好极了！你们现在能够咨问这些道理，以断灭自己的疑惑。譬如有位国王，愚昧无知。有一位医生生性顽固愚蠢，然而国王分辨不清，仍然厚赐俸禄给他。该医生治疗各种疾病，都用一种乳药，也不了解病起的根源。同时虽知有乳药也不善于理解其用法，无论是风病、冷病、热病，一切诸病都教他们服用乳药。国王也分辨不清此医生能不能知道乳药的好丑、善恶。

后来有一位聪明的医生，通晓八种医术，善于治疗各种疾病，知晓一切方药，从远方来。此时旧医不知向他咨询，反而生起自高自大、骄傲自满之心。那时聪明医生即依附于旧医，拜其为师，向他咨受医方秘奥之法。对旧医说：我今拜你为师，请你为我广为解说医理。

旧医回答说：你现在如果能做我的仆役四十八年，然后我当教你医法。此时聪明医生即接受他的教导，说：我应当如此，我应当如此，尽我所能，为你当仆役。

这时候，旧医即带客医一起去见国王，于是客医就为国王说种种医方以及其他的技艺。客医说：大王应当知道，应该善于分析研究，此法这样可以治国，此法这样可以治病。

这时，国王听了以后，方知旧医愚昧无知，即便将他驱逐出国境，然后对客医倍加恭敬。

此时客医心想：要教导国王，现在正是时候了。于是就对国王说：大王！您如果真的爱念我，请答应我一个愿望。

国王回答说：从此以后，我的右臂及其他身体各部分，随你所要求，一切都给你。

客医就说：国王虽然允许给我身体的一切部分，然我不敢有过多的要求。如今所要求的，就是希望国王宣令一切国内，从今以后，不得再服旧医的乳药。为什么？因为乳药有毒害，能损伤人的身体。如果仍旧服用者，当斩其首。这样断绝了乳药以后，就不会再有横死之人，人们会常处于安乐之中，因此我提出这一愿望。

其时国王回答说：你的要求实在是微不足道。接着就宣令一切国内，有病的人都不得以乳为药，如果将乳作为药的，当斩其首。这时客医以种种味调和众药，如辛、苦、咸、甜、醋等味，用以治疗各种疾病，没有一个不痊愈的。

其后不久，国王又得病，即命客医治疗，说：我今病重，痛苦得想死，应当怎样医治？

医生察看了国王的病，感到应该用乳药。接着就对王说：像国王所患的病，应当服用乳药，我以前所说要断绝乳药，是大妄语，今如服用，最能除病，国王今患热病，正应该服用乳药。

其时国王回答医生说：你今天是疯了呢，还是患上了热病？竟然说服用乳药才能治此病。你以前不是说乳药有毒，今天怎么反而叫我服用？这不是欺骗我吗？以前旧医称赞乳药，你却说是毒药，叫我把他驱逐出国境，今天又说乳药是好的，最能治病。像你所说，我原来的那位旧医，其医术一定胜过于你。

此时客医又对国王说：国王您今天不应该这样讲，如有昆虫食木，偶尔成为文字，此昆虫不知道这个文字是不是文字。而聪明人见后始终不发一言，对此昆虫所理解的文字，也不惊怪。国王应当知道，旧医也是这样，他不分别各种病，全部给予服用乳药，犹如那昆虫食木偶成文字一样。这是以前旧医不懂得乳药的好丑和善恶。

其时国王就发问说：怎样不懂得呢？

客医回答说：这种乳药，是毒害，也是甘露。为什么说这乳药也是甘露呢？因为这好比是母牛，不食酒糟、滑草、麦麸；对其小牛善于调理，放牧之处不在高原，也不在低湿地方；饮水给以清流，不使它驰驱奔跑；不与公牛共处，饮水、喂食调匀、适宜，行住之处也非常妥帖。像这样的母牛所生出的乳，能除一切疾病，这就叫作甘露妙药。除了这种乳之外，其余一切乳皆名为毒害。

这时候，国王听了这些话后，称赞医生说：好极了！好极了！我从今天起，方才知道乳药的善恶、好丑。随即服用，疾病得以痊愈。接着又宣令一切国内人民，从今以后，应当服用乳药。

国内人们听了以后，皆起嗔恨之心，大家都说：大王！您今天为魔鬼所挟持了呢，还是疯狂了？为什么骗我们重新服用乳药？一切人民都怀着嗔恨之心，一起集合到王宫来。

国王对他们说：你们不应该对我生嗔恨之心。这个乳药是服用还是不服用，都是医生教我的，不是我的过错。

这时候，国王及其一切人民，都踊跃欢喜，倍加恭敬供养此医生。一切患有疾病的人服用乳药后，疾病都痊愈了。

你们这些比丘！应当知道，如来、应供、正遍知、明行足、善逝、世间解、无上士、调御丈夫、天人师、佛世尊，也是这样，作为大医王出现于世间。为降伏一切外道邪医，在国王及一切大众中说：我为医王。欲降伏外道，故这样说：无我、无人、众生、寿、命、养育、知、见、作者、受者。

各位比丘应当知道，一切外道所说的我，犹如昆虫食木，偶然成为文字，因此，如来在佛法中说是无我，是为了调伏众生。因为知道诸比丘受法的时机，所以说是无我。当其他因缘具足时，也说有我。犹如那良医，善于知道该乳既是药又不是药，不像凡夫那样执着为我。凡夫、愚人所执之我，或者说是大得如大拇指，或者说是小得如芥菜籽，或者说是小得如微尘。如来说的我，都不是这样，所以他说：一切法无我，实际上并不是无我。

究竟什么是我呢？如果法是实的、是真的、是常的、是主宰、是依他起性、是不变易的，这就名为我，犹如那医生善于理解乳药一样。如来也是这样，为了众生，所以说诸法中真实有我。你们四众弟子应该这样修习此法。

2 金刚身品第二

原典

尔时，世尊复告迦叶：善男子！如来身者是常住身①、不可坏身、金刚之身，非杂食身②，即是法身。

迦叶菩萨白佛言：世尊！如佛所说，如是等身我悉不见，唯见无常、破坏、微尘、杂食等身。何以故？如来当入于涅槃故。

佛言：迦叶！汝今莫谓如来之身不坚可坏，如凡夫身。善男子！汝今当知，如来之身无量亿劫坚牢难坏，非人天身③，非恐怖身，非杂食身。如来之身非身是身④，不生不灭，不习不修⑤，无量无边，无有足迹，无知无形，毕竟清净，无有动摇，无受无行，不住不作，无味无杂，非是有为，非业非果，非行非灭，非心非数⑥，不可思议。常不可思议。

无识离心[7]，亦不离心。其心平等，无有亦有，无有去来而亦去来[8]。不破不坏，不断不绝，不生不灭[9]。非主亦主，非有非无，非觉非观[10]。非字非不字[11]，非定非不定，不可见了了见[12]。非处亦处，无宅亦宅，无暗无明，无有寂静而亦寂静。是无所有，不受不施。清净无垢；无诤断诤；住无住处，不取不堕。

非法非非法，非福田非不福田。无尽不尽，离一切尽；是空离空。虽不常住，非念念灭，无有垢浊。无字离字，非声非说，亦非修习，非称非量[13]。非一非异，非像非相，诸相庄严。非勇非畏，无寂不寂，无热不热，不可睹见，无有相貌。

如来度脱一切众生，无度脱故；能解众生，无有解故；觉了众生，无觉了故。如实说法，无有二故，不可量，无等等。平如虚空，无有形貌，同无生性，不断不常，常行一乘[14]，众生见三。不退不转，断一切结[15]，不战不触，非性住性。非合非散，非长非短，非圆非方，非阴入界[16]亦阴入界，非增非损，非胜非负。

如来之身成就如是无量功德，无有知者无不知者，无有见者无不见者。非有为非无为，非世非不世，非作非不作，非依非不依，非四大[17]非不四大，非因非不因，非众生非不众生，非沙门非婆罗门，是师子非师子[18]，非身非不身，不可宣说。除一法相不可算数。般涅槃时不般涅槃。如来法身皆悉成就如是无量微妙功德。

迦叶！唯有如来乃知是相，非诸声闻、缘觉[19]所知。迦叶！如是功德成如来身，非是杂食所长养身。迦叶！如来真身[20]功德如是，云何复得诸疾患苦，危脆不坚如坏器乎？迦叶！如来所以示病苦者，为欲调伏诸众生故。

善男子！汝今当知，如来之身即金刚身。汝从今日常当专心思维此义，莫念食身。亦当为人说，如来身即是法身。

注释

①**常住身**：意谓不变迁之身。

②**非杂食身**：意谓非各种饮食滋养而成之身。

③**非人天身**：意谓既不是人趣中的人身，也不是天趣中的天身。

④**非身是身**："非身"，所谓非生灭积聚之身；"是身"，谓应化身，无有生与不生、有形与无形的区别，但仍然是身。

⑤**不习不修**："不习"，意谓没有烦恼习气的积集；"不修"，意谓如来之身，不待修习。

⑥**非心非数**："心"即心法；"数"即数量。"心数"

即“心所”。“非心非数”，意谓如来之身不属于心以及与心相应的心所。

⑦**无识离心：**“无识”，谓无分别的作用；“离心”，谓远离心王，不生后有。

⑧**无有去来而亦去来：**谓如来法身，没有形体，故无有去和来，但如来又示形六道，所以又是有去和来的。

⑨**不生不灭：**原作“不出不灭”，今依《频伽藏》改。谓如来法身，没有生灭。

⑩**非觉非观：**谓法身离粗细之相，无有觉观之用。

⑪**非字非不字：**谓如来法身非人、天之身，故无有名字，但有人、天之身的作用，故不是没有名字。

⑫**不可见了了见：**谓如来法身既不可见又非常清楚地直接可见。

⑬**非称非量：**意谓不能用长短、大小、多少等数字来衡量。

⑭**一乘：**亦称佛乘。谓唯一能令人成佛的教法。乘是车乘，比喻佛的教法能乘载人至涅槃的彼岸，故谓之乘。

⑮**结：**烦恼的别名，系缚的意思。谓烦恼能系缚众生的身心，结成苦果，永沦生死，不得解脱，故谓之结。

⑯**阴入界：**亦称蕴处界，即五蕴（色蕴、受蕴、想蕴、行蕴、识蕴）、十二处（六根、六尘）、十八界（六

根、六尘、六识）。

⑰**四大：**指地、水、火、风四种构成色法（相当于物质现象）的基本元素。因它们能造一切色法，周遍于一切色法，故称为“大”。

⑱**是师子非师子：**“非师子”，原作“大师子”，今改。此句意谓如来之身既是狮子又不是狮子。

⑲**缘觉：**又称独觉、辟支佛。三乘之一。指独自悟道之修行者，即于现在身中，不禀佛教，观诸法生灭因缘而自行悟道者，性乐寂静而不事说法教化之圣者。

⑳**真身：**法身。

译文

这时候，世尊又告诉迦叶说：善男子！如来的身体是常住不变之身、不可毁坏之身、坚如金刚之身，不是各种饮食滋养之身，这就是法身。

迦叶菩萨听了以后对佛说：世尊！像佛陀所说的如来之身，我都看不到，只看到无常之身、可破坏之身、像微尘那样的由各种饮食滋养的身体。为什么？因为如来将要入于涅槃。

佛说：迦叶！你现在不要说如来之身是不坚固的、可以破坏的，像凡夫的身体一样。善男子！你现在应当知道，如来的身体虽经过无量亿劫的时间，仍然是坚牢难坏的，因为不是人、天之身，也不是恐怖之身，当然也不是各种饮食滋养之身。如来的身体，不是生灭之身，是应化之身。此身不生不灭，没有烦恼习气，也不待修习；无量无边，没有足迹可寻；无知无形，究竟清净；没有任何动摇；没有苦受、乐受和不苦不乐受，也没有任何行为造作；不停留，也不是有所作为；没有味着，没有各种杂食，不是有为法；不是业用，不是果报；不是造作，不是择灭；不是心法，不是心所法，不可用心思考、用言语议论，是常法不可思议。

如来之身无有意识，远离心法又不离心法。其心平等不二，不有而有，没有去来又有去来。不破不坏，不断不绝，没有产生，没有消灭。不是主宰又是主宰，非有非无，不是觉悟，不是观察。没有名字，又不是没有名字；不是禅定，又并非不是禅定；不可见又非常清楚可见。不是处所又是处所，不是住宅又是住宅，没有黑暗没有光明，没有寂静又是寂静。一无所有，不接受他人的，也不施舍给他人。十分清净，无有垢染；没有争讼，断灭争讼；住在无住之处，不取着，不堕落。

不是法又并非不是法，不是福田又并非不是福田。无有尽与不尽，远离一切尽；是空又远离空。虽然不是常住不动，也不是念念之间就断灭；没有任何污浊的染着。无有名字，远离名字；没有声音，没有言说，也没有任何修习；不能用大小、长短来衡量。非一非异，非像非相，而又诸相庄严。没有勇敢也没有畏惧，没有寂灭和不寂灭，没有热和不热，没有相貌可以看见。

如来度脱一切众生，实际上没有所谓的众生可度脱；如来能让众生解脱，实际上并没有所谓的解脱；如来能觉悟了知众生，实际上没有觉悟了知。如来如实说法，对任何人都没有二样，不可计量，无人可与之相等。平等犹如虚空，没有形貌，相同于无生之性，不断不常，常行佛一乘教法，而众生看起来却有三乘教法。不退堕，不流转，断灭了一切结缚；不与恶魔战斗，不触及任何事物；没有本性又住于本性。不是和合，不是散乱；非长非短，非圆非方；非五蕴、十二处、十八界，又是五蕴、十二处、十八界；非增非损，非胜非负。

如来之身成就这样的无量功德，无有知者，无有不知者；无有见者，无有不见者。不是有为法，也不是无为法；不是世间法，也不是出世间法；没有造作，也不是没有造作；没有所依，也不是没有所依；非四大所造，又不是非四大所造；没有因缘，也不是没有因缘；不是众生，也并非不是众生；不是沙门，也不是婆罗门；是诸兽之王的狮子，又不是狮子；不是身又并非不是身。如此等等，不可宣说。除掉佛一种法相外，其余诸法相不可算数。般涅槃时不般涅槃。如来法身都能成就这样无量的微妙功德。

迦叶！只有如来能够知道佛身的相状，不是一切声闻、缘觉所能知道的。迦叶！这样的功德成就如来之身，并不是杂食所长养之身。迦叶！如来真身的功德就是这样，怎么还能得诸疾苦，危脆不坚，犹如土制的器具容易败坏呢？迦叶！如来之所以也示现出有许多病苦，那是为了调伏众生。

善男子！现在你应该明白，如来之身就是金刚不坏之身。你从今日起，应该经常思考这个道理，不要念念不忘那杂食之身。也应当为人宣说，如来之身就是法身。

原典

迦叶菩萨白佛言：世尊！如来成就如是功德，其身云何当有病苦、无常、破坏？我从今日常当思维，如来之身是常、法身，安乐之身。亦当为他如是广说。唯然，世尊！如来法身金刚不坏，而未能知所因云何。

佛言：迦叶！以能护持正法[①]因缘故，得成就是金刚身。迦叶！我于往昔护法因缘，今得成就是金刚身，常住不坏。善男子！护持正法者，不受五戒，不修威仪，应持刀剑、弓箭、鉾槊，守护持戒清净比丘。

迦叶菩萨白佛言：世尊！若有比丘离于守护，独处空闲冢间树下，当说是人为真比丘。若有随逐守护者行，当知是辈是秃居士[2]。

佛告迦叶：莫作是语言秃居士。若有比丘随所至处，供身趣足[3]，读诵经典，思维坐禅。有来问法，即为宣说，所谓布施[4]、持戒[5]、福德[6]、少欲知足。虽能如是种种说法，然故不能作师子吼[7]，不为师子之所围绕，不能降伏非法恶人。如是比丘，不能自利及利众生，当知是辈懈怠懒惰；虽能持戒守护净行，当知是人无所能为。

若有比丘，供身之具亦常丰足，复能护持所受禁戒，能师子吼广说妙法，谓修多罗[8]、祇夜[9]、授记[10]、伽陀[11]、优陀那[12]、伊帝目多伽[13]、阇陀伽[14]、毗佛略[15]、阿浮陀达磨[16]。以如是等九部经典为他广说，利益安乐诸众生故，唱如是言：《涅槃经》中制诸比丘，不应畜养奴婢、牛羊非法之物。若有比丘畜如是等不净之物，应当治之。如来先于异部经中说，有比丘畜如是等非法之物，某甲国王如法治之，驱令还俗。

若有比丘，能作如是师子吼时，有破戒者闻是语已，咸共嗔恚害是法师。是说法者，设复命终，故名持戒自利利他。以是缘故，我听国主、群臣、宰相、诸优婆塞护说法人。若有欲得护正法者，当如是学。迦叶！如是破戒不护法者，名秃居士，非持戒者得如是名。

善男子！过去之世无量无边阿僧祇劫，于此拘尸那城有佛出世，号欢喜增益如来、应、正遍知、明行足、善逝、世间解、无上士、调御丈夫、天人师、佛世尊。尔时世界广博严净、丰乐安隐，人民炽盛，无有饥渴，如安乐国诸菩萨等。彼佛世尊，住世无量，化众生已，然后乃于娑罗双树[17]入般涅槃。佛涅槃后，正法住世无量亿岁，余四十年佛法未灭。尔时有一持戒比丘，名曰觉德，多有徒众眷属围绕，能师子吼，颁宣广说九部经典，制诸比丘不得畜养奴婢、牛羊非法之物。

尔时，多有破戒比丘闻作是说，皆生恶心，执持刀杖，逼是法师。是时国王名曰有德，闻是事已，为护法故，即便往至说法者所，与是破戒诸恶比丘极共战斗，令说法者得免危害。王于尔时身被刀剑、箭槊之疮，体无完处，如芥子许。

尔时，觉德寻赞王言：善哉！善哉！王今真是护正法者，当来之世，此身当为无量法器[18]。王于是时得闻法已，心大欢喜，寻即命终生阿閦佛国[19]，而为彼佛作第一弟子。其王将从人民眷属，有战斗者，有随喜[20]者，一切不退菩提[21]之心，命终悉生阿閦佛国。觉德比丘，却后寿终，亦得往生阿閦佛国，而为彼佛作声闻众中第二弟子。若有正法欲灭尽时，应当如是受持拥护。

迦叶！尔时王者则我身是，说法比丘迦叶佛是。迦叶！护正法者，得如是等无量果报。以是因缘，我于今日得种种相以自庄严，成就法身、不可坏身。

注释

①**正法**：真正之道法。意谓合于真理的佛法。

②**秃居士**：指破戒不护法的人。

③**供身趣足**：谓供养佛身之物十分丰富。

④**布施**：六波罗蜜（六度）之一。谓以自己之所有施舍于他人。有财施、法施、无畏施等。

⑤**持戒**：六波罗蜜（六度）之一。谓守持佛所制定的戒律，不做不合佛法的事。

⑥**福德**：一切善行及其所得的福报，称为福德。

⑦**师子吼**："师子"即狮子，为兽中之王，佛经中常以之比喻佛的勇猛无畏。佛在大众中说法，心中毫无怖畏，犹如狮子做吼，故曰狮子吼。

⑧**修多罗**：梵语 Sūtra 的音译。亦作修单兰多、修妒路等。意译契经。十二部经（本经作九部经）之一。"契"是上契诸佛妙理，下契众生根机；"经"是线的意思，贯穿法义，使不散失。修多罗即经典中的长行直说。

⑨**祇夜**：梵语 Geya 的音译。意译重颂、应颂。十二部经之一。谓与修多罗相应，重宣教义，采用颂体。

⑩**授记：**原作“受记”，有误，今改。梵语和伽罗那Vyākaraṇa的意译。十二部经之一。佛对发心之众生授予将来必当做佛之记别的经文。

⑪**伽陀：**梵语Gāthā的音译，意译讽诵、孤起颂。十二部经之一。采用偈的文体组成的经文。

⑫**优陀那：**梵语Udāna的音译，意译无问自说，即无人发问，佛陀自己宣说的经文。

⑬**伊帝目多伽：**原作“伊帝曰多伽”，明显有误，今改。梵语Itivṛttaka的音译。意译本事。十二部经之一。即佛陀所说弟子过去世因缘的经文。

⑭**阇陀伽：**梵语Jātaka的音译。意译本生。十二部经之一。即佛陀所说自己过去世因缘的经文。

⑮**毗佛略：**梵语Vaipulya的音译。意译方广。十二部经之一。即佛陀所说方正广大道理的经文。

⑯**阿浮陀达磨：**梵语Adbhutadharma的音译。意译未曾有。十二部经之一。即记载佛陀显现种种神通的经文。

⑰**娑罗双树：**亦称沙罗双树。“娑罗”，意谓坚固。古印度拘尸那城阿利罗跋提河边，有娑罗树，四方各两株，故称娑罗双树。佛陀于该处入灭。

⑱**法器：**一般指法会诵经时所用的器具，此处则指具有修证佛法的根器。

⑲**阿閦佛国：**“阿閦佛”，谓东方阿比罗提国的大目如来，发愿修行后，成佛于东方之如来。阿閦佛所在之国，即阿閦佛国。

⑳**随喜：**见做善事或离苦得乐就随之心生欢喜。

㉑**不退菩提：**得无上菩提后，不再退转。

译文

迦叶菩萨对佛说：世尊！如来成就这些功德，其身怎么会有病苦、无常、破坏呢？我从今日起应当经常思考，如来之身是常身、法身、安乐之身。还应当向别人也这样广为宣说。但是，世尊！如来的法身如金刚一样坚固不坏，尚不能知道这是什么原因。

佛说：迦叶！这是因为如来护持正法，所以得以成就此金刚不坏之身。迦叶！我过去因为护持正法，今日才得以成就此金刚之身，常住不坏。善男子！护持正法之人，本身虽不受五戒，不注意仪容，但应该佩带刀剑、弓箭、长矛等，守护持戒的清净比丘。

迦叶菩萨对佛说：世尊！如果有比丘离开了守护的人，独自处在空旷的坟墓之间的树下，应该说此人为真比丘。如果有人仅仅随着守护者而行事，应当知道这些人是破戒不护法的秃居士。

佛告诉迦叶说：不要这样称他们是秃居士。如果有比丘随着守护者到所在之处，所受供养非常丰富，诵读经典，集中思想坐禅；有来请问佛法的，即广为宣说，如布施、持戒、福德、少欲知足等。虽然能够说种种的法，然而出于其他原因不能像如来一样做狮子吼，不能被狮子所围绕，不能降伏非法的恶人。这样的比丘，不能自利、利他，应当知道，这些人懈怠、懒惰；虽然能够持戒、守护清净的行为，应当知道这些人是无所作为的。

如果有比丘，供养佛身之物非常丰富，又能够护持所受的禁戒，能像如来那样做狮子吼广说妙法，如广说修多罗、祇夜、授记、伽陀、优陀那、伊帝目多伽、阇陀伽、毗佛略、阿浮陀达磨等九部经典，此人就是真比丘。将这样的九部经典向他人广为宣说，为了利益、安乐一切众生，所以这样说：《涅槃经》中规定一切比丘，不应畜养奴婢、牛羊等非法之物。如果有比丘畜养这些不清净之物，应当给予惩处。如来曾经在其他经中说过，有比丘畜养这些非法之物，国王如法加以惩处之，逐令还俗。

如果有比丘能做这样的狮子吼时，有破戒者听了这些话后，都一起仇恨、损害此法师。这个说法者，设使命终，故名持戒自利利他。因为有这样的因缘，所以我听说国主、群臣、宰相以及诸优婆塞是护持说法人的。

如果有人想要护持正法，应当这样学习。迦叶！像这样，是破戒不护法的人，称之为秃居士，持戒者就不会得这样的名称。

善男子！在过去世的无量无边阿僧祇劫，在这拘尸那城有佛出世，名号是欢喜增益如来、应供、正遍知、明行足、善逝、世间解、无上士、调御丈夫、天人师、佛世尊。这时候，世界非常广博严净、丰乐安稳，人民众多，无有饥渴，好像安乐国的菩萨一样。这位佛世尊，住在世间很长很长的时间，化度众生完毕，然后在娑罗双树下入般涅槃。此佛涅槃后，正法住世无量亿万岁，余下的四十年佛法未灭。这时，有一持戒比丘，名字叫觉德，有许许多多徒众及其眷属围绕在他身边，能和佛一样狮子吼，广为宣说九部经典，规定一切比丘都不得畜养奴婢、牛羊等非法之物。

这时候，有许多破戒比丘听了这种说法，都产生恶毒之心，手执刀杖，逼迫这个持戒的比丘。这时，有国王名叫有德，听了这件事以后，为了保护佛法，就前往说法者的住所，与这些恶毒的破戒比丘进行战斗，使得那位说法者得以避免受到恶比丘的危害。而国王因此身体被刀剑、弓箭所伤，体无完肤。

这时候，觉德比丘就称赞国王说：好极了！好极了！国王今已成为一位真正护持正法之人，将来之世，你必当是一个无量的修证佛法的根器。国王此时闻法以后，心生大欢喜，不久因伤重命终，往生于阿閦佛国，成为该佛的第一位弟子。那些国王的随从人民及其眷属，有战斗的，也有随喜的，都具有不退菩提之心，命终之后，全部都生于阿閦佛国。觉德比丘后来寿终，也得以往生阿閦佛国，而成为该佛声闻乘中第二位弟子。如果遇有正法将要灭尽时，应当这样来受持拥护。

迦叶！当时国王之身就是我，说法比丘就是迦叶佛。迦叶！护持正法的人，能得如此的无量果报。由于这样的因缘，所以我在今日能够得到种种庄严之相，成就法身，成就不可毁坏之身。

原典

迦叶菩萨复白佛言：世尊！如来常身犹如画石。

佛告迦叶菩萨：善男子！以是因缘故，比丘、比丘尼①、优婆塞②、优婆夷③，应当勤加护持正法，护法果报广大无量。善男子！是故护法优婆塞等，应执刀杖，拥护如是持法比丘。若有受持五戒之者，不得名为大乘人也。不受五戒，为护正法，乃名大乘。护正法者，应当执持刀剑器杖侍说法者。

迦叶白佛言：世尊！若诸比丘与如是等诸优婆塞持刀杖者，共为伴侣，为有师耶？为无师乎？为是持戒？

为是破戒？

佛告迦叶：莫谓是等为破戒人。善男子！我涅槃后，浊恶之世，国土荒乱，互相抄掠，人民饥饿。尔时多有为饥饿故发心出家，如是之人名为秃人④。是秃人辈，见有持戒威仪具足清净比丘护持正法，驱逐令出，若杀若害。

迦叶菩萨复白佛言：世尊！是持戒人，护正法者，云何当得游行村落、城邑教化？

善男子！是故我今听持戒人，依诸白衣⑤持刀杖者以为伴侣。若诸国王、大臣、长者、优婆塞等，为护法故，虽持刀杖，我说是等名为持戒。虽持刀杖，不应断命⑥，若能如是，即得名为第一持戒。

迦叶！言护法者，谓具正见，能广宣说大乘经典，终不捉持王者宝盖、油瓶、谷米、种种果蓏，不为利养亲近国王、大臣、长者，于诸檀越⑦，心无谄曲，具足威仪，摧伏破戒诸恶人等，是名持戒、护法之师，能为众生真善知识⑧，其心弘广，譬如大海。

迦叶！若有比丘以利养故，为他说法，是人所有徒众眷属，亦效是师贪求利养，是人如是便自坏众。

迦叶！众有三种：一者犯戒杂僧⑨，二者愚痴僧，三者清净僧。破戒杂僧则易可坏，持戒净僧利养因缘所不能坏。

云何破戒杂僧？若有比丘，虽持禁戒，为利养故，与破戒者坐起行来，共相亲附，同其事业，是名破戒，亦名杂僧。

云何愚痴僧？若有比丘，在阿兰若[10]处，诸根不利，暗钝瞢瞢[11]，少欲乞食，于说戒日及自恣[12]时，教诸弟子清净忏悔，见非弟子多犯禁戒，不能教令清净忏悔，而便与共说戒自恣，是名愚痴僧。

云何名清净僧？有比丘僧，不为百千亿数诸魔之所沮坏，是菩萨众本性清净，能调如上二部之众，悉令安住清净众中，是名护法无上大师、善持律者。为欲调伏利众生故，知诸戒相[13]若轻若重，非是律者则不证知，若是律者则便证知。

云何调伏众生故？若诸菩萨为化众生，常入聚落，不择时节。或至寡妇、淫女舍宅，与同住止，经历多年，若是声闻所不应为，是名调伏利益众生。

云何知重[14]？若见如来因事制戒，汝从今日慎莫更犯。如四重禁[15]，出家之人所不应作，而便故作，非是沙门，非释种子，是名为重。

云何为轻？若犯轻事，如是三谏，若能舍者，是名为轻。非律不证者，若有赞说不清净物应受用者，不共同止。是律应证者，善学戒律，不近破戒。见有所行随顺戒律，心生欢喜。如是能知佛法所作，善能解说，是名律师。善解一字，善持契经，亦复如是。如是善男子！佛法无量，不可思议，如来亦尔，不可思议。

迦叶菩萨白佛言：世尊！如是！如是！诚如圣教，佛法无量，不可思议，如来亦尔，不可思议。故知如来常住不坏，无有变异。我今善学，亦当为人广宣是义。

尔时，佛赞迦叶菩萨：善哉！善哉！如来身者，即是金刚不可坏身。菩萨应当如是善学正见正知。若能如是了了知见，即是见佛金刚之身、不可坏身，如于镜中见诸色像。

注释

①**比丘尼：**出家受具足戒的女性的通称。

②**优婆塞：**梵语 Upāsaka 的音译。亦译乌波索迦、优波裟迦、伊蒲塞。意译清信士、近事男、近善男等。指皈依三宝、接受五戒的在家男居士。亦通称一切在家的佛教男信徒。

③**优婆夷：**梵语 Upāsikā 的音译。亦译优婆斯、邬婆斯迦。意译清信女、近事女、近善女等。指皈依三宝、接受五戒的在家女居士。亦通称一切在家的佛教女信徒。

④**秃人：**秃居士。指虽剃发而无出家沙门之德行者。

⑤**白衣**：在家之俗人。

⑥**不应断命**：意谓不应断灭他人生命。

⑦**檀越**：施主。

⑧**真善知识**：谓真正信解佛法，而又学问渊博之人。

⑨**犯戒杂僧**：谓与破戒僧混杂在一起的僧人。

⑩**阿兰若**：梵语 Āraṇyaka 或 Āraṇya 的音译。亦作阿练若、阿兰若迦，简称兰若。意译寂静处、空闲处等。原为比丘习静修行之处，后为佛寺的总称。

⑪**暗钝蓍曹**：谓生性愚蠢的意思。

⑫**自恣**：梵语 Pravārana 的意译，亦称随意。音译钵刺婆刺拏。谓僧众于每年安居期满之日举行检举忏悔集会，请别人尽情（恣意）揭发自己的过失，自己对其他僧人进行忏悔；同时也随他人意愿检举自己的过失。

⑬**戒相**：指持戒表现的不同相状，如持五戒、持十戒，或持二百五十戒(比丘戒相)，或持三百四十八戒(比丘尼戒相）等。

⑭**知重**：知道重的戒相。

⑮**四重禁**：又称四重罪、四弃、四波罗夷等。即一、犯淫戒，二、犯盗戒，三、犯杀人戒，四、犯大妄语戒。

译文

迦叶菩萨又对佛说：世尊！如来常住不变之身，犹如刻画于石之物。

佛告诉迦叶菩萨说：善男子！因为有这样的因缘，所以比丘、比丘尼、优婆塞、优婆夷，应当勤加护持正法，护持正法的果报是无量广大的。善男子！因此护法的优婆塞等，应该手执刀杖，以便拥护持法比丘。如果有受持五戒之人，不一定能称为大乘人。虽然不受五戒，但为的是护持正法，这种人乃名为大乘人。护持正法之人，应当执持刀剑器杖侍立于说法者左右。

迦叶对佛说：世尊！像这些比丘与这些执持刀杖的优婆塞，共为伴侣的话，这些人是有师德之人呢，还是没有师德之人？是持戒的人呢，还是破戒的人？

佛告诉迦叶说：不要说这些人是破戒之人。善男子！在我涅槃之后，浊恶之世，国土荒乱，互相掳掠，人民饥饿。当此之时，多有为饥饿而发心出家的，像这样的人，称为秃人（指虽剃发而无出家沙门之德行者）。这些秃人，见有持戒的、仪容端正的清净比丘护持正法，便会把他们驱逐出去或加以杀害。

迦叶菩萨又对佛说：这些持戒之人，护持正法，要怎样才能够游行村落、在城镇进行教化众生？

善男子！因此，我今听从持戒之人，依止那些执持刀杖的在家人，以为伴侣。像那些国王、大臣、长者、优婆塞等，为了护持正法，虽然执持刀杖，但我会说这些人可称为持戒者。虽然执持刀杖，但未必会断送他人的性命，也就是为护法之故，并不是以杀人为目的，如果能做到这样，就可以称之为第一持戒之人。

佛说：迦叶！所谓护法者，是指具有正见，能够广泛宣说大乘经典，始终不使用王者的宝盖、油瓶、谷米和种种瓜果之类，也不为名闻利养而亲近国王、大臣、长者等，对于诸位施主，无谄媚之心，仪容端正，能摧伏破戒的一切恶人等，此可称为持戒、护法之师，能够成为众生的真善知识，其心量十分宏广，犹如大海一样。

迦叶！如果有比丘为了利养，为他人说法，此人所有的徒众，也会效法其师贪求利养，此人便是毁坏众生。

迦叶！众生有三种：一是犯戒杂僧，即与犯戒的僧人混杂在一起的僧人；二是愚痴之僧；三是清净僧。破戒杂僧是最容易毁坏的，持戒的清净僧是利养所不能毁坏的。

什么样的人称为破戒杂僧？如果有比丘，虽然能持禁戒，但为了利养，与破戒僧在一起，同来同往，互相亲近，同其事业，称为破戒，亦称为杂僧。

什么样的人称为愚痴僧？如果有比丘，在佛寺里，诸根不利，非常愚昧无知，很少向人乞食，在说戒日及自恣时，虽然教导弟子们清净忏悔，然而见到不是自己弟子的人多犯禁戒，不能教导他们忏悔令其清净，就与他们一同说戒自恣，这就称之为愚痴僧。

什么样的人称为清净僧？如果有比丘僧，不为百千万亿的恶魔所败坏，而此菩萨众，本性清净，能够调伏如上比丘、比丘尼二部之众，全部使他们安住于清净众中，此即名为护法无上大师、善持律者。为了要调伏和利益众生，必须了知一切戒相哪些是轻戒，哪些是重戒，不是戒律的就不证知，如果是符合戒律的，便就证知。

为什么要调伏众生？如诸菩萨为了化导众生，常入村落，不择时节。或者到寡妇、淫女的舍宅，与之共同居住，经历多年，像这样便是声闻乘人所不应该做的，这就称之为调伏利益众生。

什么叫作知重？若是见到如来因事制定戒律，你从今日起要谨慎不再重犯。如四重禁戒，乃是出家人所不应该做的，而你明知故犯，就不是沙门，也不是释种子，此即称为重戒。

什么是轻戒？如犯轻罪之事，经过三次劝谏，如果能够不再犯的，即称为轻戒。非律不证者，即是如有赞说不清净之物应该受用的，则不与他们共同止住。是律应证者，即善于学习戒律，不亲近破戒者。见有修行者随顺戒律，就心生欢喜。像这样能知佛法所做，并能善于解释，即称为律师。善于解释每一个字，善于持诵契经，也是如此。如是善男子！佛法无边，不可思议，如来也是这样，不可思议。

迦叶菩萨对佛说：世尊！是这样的，诚如圣教所说，佛法无量，不可思议，如来也是这样，不可思议。因此知道如来是常住不坏的，无有变异的。我如今要好好地学习，也应当为他人广宣此义。

这时候，佛称赞迦叶菩萨说：好极了！好极了！如来之身，就是金刚不可破坏之身。菩萨应当好好地学习正见正知。如果能够这样非常清楚地了解知见，也就是见到了佛的金刚之身、不可破坏之身，好像于明镜中看到一切色相一样。

3　如来性品第四之七

原典

尔时，文殊师利白佛言：世尊！今此纯陀犹有疑心，唯愿如来重为分别，令得除断。

佛言：善男子！云何疑心，汝当说之，当令除断。

文殊师利言：纯陀心疑如来常住，以得知见佛性力故。若见佛性而为常者，本未见时应是无常。若本无常，后亦应尔。何以故？如世间物，本无今有，已有还无。如是等物，悉是无常。以是义故，诸佛、菩萨、声闻、缘觉无有差别。尔时，世尊即说偈言：

本有今无，本无今有；
三世有法[①]，无有是处。

善男子！以是义故，诸佛、菩萨、声闻、缘觉亦有差别，亦无差别。

文殊师利赞言：善哉！诚如圣教。我今始解诸佛、菩萨、声闻、缘觉亦有差别，亦无差别。

迦叶菩萨白佛言：世尊！如来所说诸佛、菩萨、声闻、缘觉性无差别，唯愿如来分别广说，利益安乐一切众生。

佛言：善男子！谛听谛听，当为汝说。善男子！譬如长者若长者子，多畜乳牛有种种色，常令一人守护将养。是人有时为祠祀故，尽构诸牛着一器中，见其乳色同一白色，寻便惊怪，牛色各异，其乳云何皆同一色？是人思维，如此一切，皆是众生业报因缘令乳色一。

善男子！声闻、缘觉、菩萨亦尔。同一佛性，犹如彼乳。所以者何？同尽漏②故。而诸众生言佛、菩萨、声闻、缘觉而有差别。有诸声闻、凡夫之人，疑于三乘云何无别？是诸众生久后自解：一切三乘同一佛性，犹如彼人悟解乳相由业因缘。

复次，善男子！譬如金矿，淘炼滓秽，然后消融成金，之后价直无量。

善男子！声闻、缘觉、菩萨亦尔，皆得成就同一佛性。何以故？除烦恼故。如彼金矿，除诸滓秽。以是义故，一切众生同一佛性，无有差别。以其先闻如来密藏，后成佛时，自然得知。如彼长者，知乳一相。何以故？以断无量亿烦恼故。

迦叶菩萨白佛言：世尊！若一切众生有佛性者，佛与众生有何差别？如是说者多有过咎。若诸众生皆有佛性，何因缘故，舍利弗等以小涅槃而般涅槃，缘觉之人于中涅槃而般涅槃，菩萨之人于大涅槃而般涅槃？如是等人若同佛性，何故不同如来涅槃而般涅槃？

善男子！诸佛世尊所得涅槃，非诸声闻、缘觉所得。以是义故，大般涅槃名为善有，世若无佛，非无二乘得二涅槃。

迦叶复言：是义云何？

佛言：无量无边阿僧祇劫，乃有一佛出现于世，开示三乘。善男子！如汝所言，菩萨二乘无差别者，我先于此如来密藏大涅槃中已说其义，诸阿罗汉无有善有。何以故？诸阿罗汉悉当得是大涅槃故。以是义故，大般涅槃有毕竟乐[③]，是故名为大般涅槃。

迦叶言：如佛说者，我今始知差别之义、无差别义。何以故？一切菩萨、声闻、缘觉，未来之世皆当归于大般涅槃，譬如众流归于大海。是故声闻、缘觉之人，悉名为常，非是无常。以是义故，亦有差别，亦无差别。

迦叶言：云何性差别？

佛言：善男子！声闻如乳，缘觉如酪，菩萨之人如生、熟酥，诸佛世尊犹如醍醐。以是义故，大涅槃中说四种性而有差别。

迦叶复言：一切众生性相云何？

佛言：善男子！如牛新生，乳血未别，凡夫之性，杂诸烦恼，亦复如是。

迦叶复言：拘尸那城有旃陀罗[④]，名曰欢喜，佛记是人由一发心，当于此界千佛数中，速成无上正真之道。以何等故，如来不记尊者舍利弗[⑤]、目犍连[⑥]等速成佛道？

佛言：善男子！或有声闻、缘觉、菩萨作誓愿言：我当久久护持正法，然后乃成无上佛道。以发速愿，故与速记。

复次，善男子！譬如商人有无价宝，诣市卖之。愚人见之，不识轻笑。宝主唱言：我此宝珠，价直无数。闻已复笑，各各相谓，此非真宝，是颇梨珠。善男子！声闻、缘觉亦复如是，若闻速记，则便懈怠轻笑薄贱，如彼愚人不识真宝。于未来世有诸比丘，不能翘勤修习善法，贫穷、困苦、饥饿所逼，因是出家长养其身，心志轻躁，邪命谄曲。若闻如来授诸声闻速疾记者，便当大笑轻慢毁訾，当知是等即是破戒，自言已得过人之法。以是义故，随发速愿，故与速记，护正法者为授远记[⑦]。

迦叶菩萨复白佛言：世尊！菩萨摩诃萨云何当得不坏眷属？

佛告迦叶：若诸菩萨勤加精进，欲护正法，以是因缘，所得眷属不可沮坏。

迦叶菩萨复白佛言：世尊！何因缘故，众生得此唇口干焦？

佛告迦叶：若有不识三宝[⑧]常存，以是因缘唇口干焦。如人口爽，不知甜、苦、辛、醋、咸、淡六味差别。一切众生愚痴无智，不识三宝是常住法，是故名为唇口干焦。复次，善男子！若有众生不知如来是常住者，当知是人则为生盲。若知如来是常住者，如是之人虽有肉眼，我说是等名为天眼[⑨]。

复次，善男子！若有能知如来是常，当知是人久已修习如是经典，我说是等亦名天眼。虽有天眼而不能知如来是常，我说斯等名为肉眼。是人乃至不识自身手、脚、肢节，亦复不能令他识知，以是义故，名为肉眼。

复次，善男子！如来常为一切众生而作父母。所以者何？一切众生种种形类，二足[⑩]、四足[⑪]、多足[⑫]、无足[⑬]。佛以一音而为说法，彼彼异类各自得解，各各叹言：如来今日为我说法。以是义故，名为父母。

复次，善男子！如人生子，始十六月，虽复语言未可解了，而彼父母欲教其语，先同其音，渐渐教之，是父母语可不正耶？

不也！世尊！

善男子！诸佛如来亦复如是，随诸众生种种音声而为说法。为令安住于正法故，随所应见而为示现种种形像。如来如是同彼，语言可不正耶？

不也！世尊！何以故？如来所说如师子吼，随顺世间种种音声而为众生叹说妙法。

注释

①**三世有法：** 三世实有之法。意谓过去、现在、未来三世实有之法。

②**漏：** 梵语 Āsrava 的意译。为烦恼的异名。含有漏泄、漏落二义，贪、嗔等烦恼，日夜由六根（眼、耳、鼻、舌、身、意）门头漏泄流注而不止，名之为漏；烦恼能使人漏落于三恶道（地狱、饿鬼、畜生），亦名为漏。

③**毕竟乐：** 至极最终的快乐。

④**旃陀罗：** 在四种姓之外，以屠杀为业的屠夫。

⑤**舍利弗：** 梵语 Śāriputra。舍利弗多罗的略称，意译鹙子，从母得名，为古印度摩揭陀国王舍城人，属婆罗门种姓。释迦牟尼佛的十大弟子之一。因他持戒多闻，敏捷智慧，善讲佛法，被称为“智慧第一”。

⑥**目犍连：** 梵语 Mahāmaudgalyāyana。摩诃目犍连

的略称，即大目犍连，亦简称目连。为古印度摩揭陀国王舍城人。属婆罗门种姓。释迦牟尼佛的十大弟子之一，侍佛左边。因他神通广大，能飞上兜率天，被称为“神通第一”。

⑦**授远记**：授记，谓佛对于发心之众生授予将来必当做佛之记别。因是授予遥远的将来必当做佛之记别，故称授远记。

⑧**三宝**：佛、法、僧三宝。佛是真理的发现者；法是宇宙的真理；僧是奉行佛教真理的人。佛、法、僧三者，世所罕有，极为尊贵，故称之为三宝。

⑨**天眼**：五眼之一。谓色界天、人所有之眼，不论远近、内外、昼夜，皆能得见。

⑩**二足**：谓众生中的二足之类，如人类以及禽鸟等类。

⑪**四足**：谓众生中的四足之类，如家畜和野兽等。

⑫**多足**：谓众生中的多足之类，如蜈蚣等。

⑬**无足**：谓众生中的无足之类，如蛇、蟮等。

译文

这时候，文殊师利对佛说：世尊！如今纯陀还有疑惑之心，唯愿如来重新为之解释，使他得以除惑断疑。

佛说：善男子！有什么疑惑之心，你可以说出来，我当使他除惑断疑。

文殊师利说：纯陀疑心如来常住不变，是因为能够知道、见到佛性之力。如果看到佛性之后，如来才是常住不变的，那么本来尚未见到时应该是无常的。如果本来是无常的，那么后来也应该是无常的。为什么？像世间之物，本质是空的，但呈现的是森罗万象，现在有的，将来终究会归于散灭。像世间一些事物，都是无常的。由于了知这样的道理，一切诸佛、菩萨、声闻、缘觉之间的本性就没有什么差别。这时候，世尊就诵偈言说：

本来有的而现在没有了，本来没有的而现在有了；

说过去、现在、未来三世是实有之法，那是没有道理的。

善男子！由于这样的道理，一切诸佛、菩萨、声闻、缘觉既有差别，又没有差别。

文殊师利称赞说：好极了！诚如圣教所说。我现在才开始理解，一切诸佛、菩萨、声闻、缘觉既有差别，又没有差别。

迦叶菩萨对佛说：世尊！如来所说一切诸佛、菩萨、声闻、缘觉的本性没有差别，唯愿如来能分别广为解说，以利益、安乐一切众生。

佛说：善男子！仔细地听，当为你解说。善男子！譬如有一位长者和他儿子，畜养了许多乳牛，有各种各样的颜色，经常派一人守护饲养。此人有时为了祭祀，就把许多的牛乳盛放在一个容器中，见其乳的颜色是同一种白色，就十分惊怪，牛的颜色本来各不相同，而其乳的颜色为什么都是一样的呢？此人经过思考，才认识到，这些都是众生的业报因缘所致，所以能使乳的颜色都一样。

善男子！声闻、缘觉、菩萨也是这样。同一佛性，犹如那牛乳。为什么？因为同样都灭除了烦恼。而有些众生却说佛、菩萨、声闻、缘觉，都是有差别的。这些声闻、凡夫，怀疑三乘明明有差别，为什么说没有差别呢？这些众生以后自然就会理解：一切三乘同一佛性，这好比是那饲养乳牛之人，悟解乳相是由于众生的业报因缘所致一样。

其次，善男子！譬如金矿，在提炼过程中，先要淘炼，去掉杂质，然后再消融成金，最后成为价值无量的宝物。

善男子！声闻、缘觉、菩萨也是如此，都能成就同一佛性。为什么？因为除灭了烦恼。这犹如金矿一样，去掉了一切杂质。由于这样的道理，一切众生同一佛性，没有什么差别。因为他先听了如来所说的密藏，未来成佛时，自然有所了解。像那长者一样，知道牛乳是同一性相。为什么？因为已经断灭了无量亿的烦恼。

迦叶菩萨对佛说：世尊！如果一切众生皆有佛性的话，那么佛与众生还有什么差别？这种说法有许多缺点和错误。如果一切众生皆有佛性，由于何种因缘舍利弗等会以小涅槃而般涅槃，缘觉之人于中涅槃而般涅槃，菩萨之人于大涅槃而般涅槃？像这些人若同一佛性，为什么不同于如来涅槃而般涅槃？

善男子！诸佛世尊所得的涅槃，不是一切声闻、缘觉所能得到的。因为这样的道理，大般涅槃名为善有，世间如果没有佛，并非没有二乘得二涅槃。

迦叶又说：这是什么道理？

佛说：必须经过无量无边的阿僧祇劫，方才有一位佛出现于世，开示三乘。善男子！如你所说，菩萨二乘没有差别，我先前于此如来密藏的大涅槃中已经说过其中的道理，一切阿罗汉都没有善有。为什么？因为一切阿罗汉都将得这个大涅槃。由于这个道理，大般涅槃有最究竟圆满的法乐，因此名为大般涅槃。

迦叶说：如佛所说，我现在才开始知道什么是差别，什么是没有差别的含义。为什么？一切菩萨、声闻、缘觉，在未来之世，都应该归之于大般涅槃，譬如众流归于大海一样。因此，声闻、缘觉之人，都可称之为常，不是无常。由于这个道理，诸佛、菩萨、声闻、缘觉既有差别，又没有差别。

迦叶说：什么叫本性差别？

佛说：善男子！声闻如乳，缘觉如酪，菩萨如生、熟酥，诸佛世尊如醍醐。因为这个道理，大涅槃中说四种本性有差别。

迦叶又说：一切众生的性相是怎么样的？

佛说：善男子！如牛新生，乳和血融合在一起还没有什么差别，凡夫之本性，夹杂有各种烦恼，也是这样。

迦叶又说：拘尸那城有一位身份低下的旃陀罗，名叫欢喜，佛授记此人由一发心起，就将在此界的千佛数中，速成无上正等正觉。但为什么如来不授记尊者舍利弗、目犍连等速成佛道呢？

佛说：善男子！或许有声闻、缘觉、菩萨作誓愿说：我将永远护持正法，然后乃成就无上佛道。因为发速愿，所以很快地给予授记。

其次，善男子！譬如商人有无价之宝，到集市上去贩卖。愚笨的人看了，不识其宝，一笑置之。宝主高声说：我此宝珠，价值无数。愚人听了，仍然笑他，并各各互相议论说，这不是无价之宝，是玻璃珠。善男子！声闻、缘觉也是如此，如果听到很快的授记，就会产生懈怠、轻慢之心，好像愚人不识真宝一样。在未来世有诸比丘，不能努力修习善法，为贫穷、困苦、饥饿所逼迫，因而出家长养其身，心志轻浮、暴躁，邪命、谄曲。如果听到如来授予诸声闻以速疾的授记，就会大笑而轻慢、诽谤，应该知道这就是破戒，这些人犯大妄语戒，自称已经得到超过他人之法。由于这个道理，佛陀对于随即发起速愿的人，给予快速的授记，对于护持正法的人，便授予将来必当做佛之远记。

迦叶菩萨又对佛说：世尊！大菩萨怎样才能够得到不可破坏的眷属？

佛告诉迦叶说：如果诸菩萨能够勤加精进，想护持正法，以此为因缘，就可以得到不可破坏的眷属。

迦叶菩萨又对佛说：世尊！出于什么原因，众生会得到一种唇口干焦的果报？

佛告诉迦叶说：如果有人不识佛、法、僧三宝长存，以此因缘，就会得到唇口干焦的果报。好像有人其口舌不灵敏，不能辨别甜、苦、辣、酸、咸、淡等六味的差别。一切众生愚昧无知，不识三宝是常住之法，因而名为唇口干焦。其次，善男子！如果有众生不知如来是常住的，应该知道此人就像是天生的盲人。如果知道如来是常住的，这样的人虽是肉眼，我说这些人可称为天眼。

再次，善男子！如果有人能够知道如来是常住的，应该知道此人已经修习了如《大涅槃经》这样的经典，我说这些人也可称具有了天眼。虽然已有了天眼但还不能知道如来是常住的，我说这些人仍然只能称为具有肉眼而已。因为此人甚至不识自己身体中的手、脚和肢节，也不能使他人识知。由此故称为肉眼。

又其次，善男子！如来常为一切众生的父母。为什么这样说？因为一切众生有种种形状和类别，如二足的、四足的、多足的、无足的，等等。佛以一种声音说法，那些不同类别的众生都能各自得到悟解，于是大家各各赞叹说：如来今日为我说法。因此，如来名为众生父母。

又其次，善男子！如人生子，在开始的十六个月，虽然小孩对于语言还不能了解，但其父母想要教其说话，先是教其同一种音节，渐渐教之更深的，父母的语言可以不正确吗？

迦叶回答说：世尊！不可以。

佛说：善男子！诸佛如来也是这样，随着众生种种的声音而为之说法。为使这些众生安住于正法，随着他们所应该见到的而示现各种不同的形象。如来这样同他们说法，语言可以不正确吗？

迦叶回答说：世尊！不可以。为什么？如来说法，犹如狮子吼，是随顺世间种种声音而为众生叹说妙法的。

4　光明遍照高贵德王菩萨品第十之三

原典

复次，善男子！一切凡夫虽善护身，心犹故生于三种恶觉[①]。以是因缘，虽断烦恼，得生非想非非想处[②]，犹故还堕三恶道中。善男子！譬如有人渡于大海，垂至彼岸，没水而死。凡夫之人亦复如是，垂尽三有[③]，还堕三涂。何以故？无善觉故。

何等善觉？所谓六念处[④]。凡夫之人，善心羸劣，不善炽盛。善心羸故，慧心薄少；慧心薄故，增长诸漏。菩萨摩诃萨慧眼清净，见三觉过[⑤]，知是三觉有种种患，常与众生作三乘怨[⑥]。

三觉因缘，乃令无量凡夫众生不见佛性，无量劫中生颠倒心，谓佛世尊无常、乐、我，唯有一净，如来毕竟入于涅槃。一切众生无常、无乐、无我、无净，颠倒心故，言有常、乐、我、净。实无三乘，颠倒心故，言有三乘。

一实[7]之道，真实不虚，颠倒心故，言无一实。是三恶觉常为诸佛及诸菩萨之所呵责，是三恶觉常害于我，或亦害他。有是三觉，一切诸恶常来随从。是三觉者，即是三缚，连缀众生无边生死。菩萨摩诃萨常作如是观察三觉。

菩萨或时有因缘故，应生欲觉，默然不受。譬如端正净洁之人，不受一切粪秽不净；如热铁丸，人无受者；如婆罗门性，不受牛肉；如饱满人，不受恶食；如转轮王，不与一切旃陀罗等同坐一床。菩萨摩诃萨恶贱三觉，不受不味亦复如是。

何以故？菩萨思维：众生知我是良福田，我当云何受是恶法？若受恶觉，则不任为众生福田。我自不言是良福田，众生见相便言我是，我今若起如是恶觉，则为欺诳一切众生。

我于往昔以欺诳故，无量劫中流转生死，堕三恶道。我若以恶心受人信施，一切天人及五通仙[8]悉当证知而见诃责。我若恶觉受人信施，或令施主果报减少，或空无报。我若恶心受檀越施，则与施主而为怨仇。一切施主恒于我所起赤子想，我当云何欺诳于彼而生怨想？

何以故？或令施主不得果报，或少果报故。

我常自称为出家人，夫出家者，不应起恶；若起恶者，则非出家。出家之人，身口相应；若不相应，则非出家。我弃父母、兄弟、妻子、眷属、知识，出家修道，正是修习诸善觉时，非是修习不善觉时。

譬如有人入海求宝，不取真宝，直取水精。亦如有人弃妙音乐，游戏粪秽。如弃宝女，与婢交通。如弃金器，用于瓦盂。如弃甘露，服食毒药。如舍亲旧良善之医，从怨恶医求药而服。

我亦如是，舍离大师如来世尊甘露法味，而服魔怨种种恶觉。人身难得如优昙华，我今已得。如来难值过优昙华，我今已值。清净法宝难得见闻，我今已闻。犹如盲龟值浮木孔。人命不停，过于山水，今日虽存，明亦难保，云何纵心令住恶法？壮色不停，犹如奔马，云何恃怙而生憍慢？犹如恶鬼伺求人过，四大恶鬼⑨亦复如是，常来伺求我之过失，云何当令恶觉发起？譬如朽宅垂崩之屋，我命亦尔，云何起恶？我名沙门，沙门之人名觉善觉，我今乃起不善之觉，云何当得名沙门也？

我名出家，出家之人名修善道，我今行恶，云何当得名为出家？我今名为真婆罗门，婆罗门者，名修净行，我今乃行不净恶觉，云何当得名婆罗门？我今亦名刹利大姓，刹利姓者能除怨敌，我今不能除恶怨敌，云何当得名刹利姓？我名比丘，比丘之人名破烦恼，我今不破恶觉烦恼，云何当得名为比丘？

世有六处，难可值遇，我今已得，云何当令恶觉居心？何等为六？一、佛世难遇；二、正法难闻；三、怖心难生；四、难生中国[10]；五、难得人身；六、诸根难具。如是六事，难得已得，是故不应起于恶觉。菩萨尔时修行如是《大涅槃经》，常勤观察是诸恶心。一切凡夫不见如是恶心过患，故受三觉[11]，名为受漏。菩萨见已，不受不着，放舍不护，依八圣道，推之令去，斩之令断。是故菩萨无有受漏，云何当言如来有漏？以是义故，如来世尊非是有漏。

复次，善男子！凡夫若遇身心苦恼，起种种恶，若得身病，若得心病，令身、口、意作种种恶。以作恶故，轮回三趣，具受诸苦。何以故？凡夫之人无念慧[12]故，是故生于种种诸漏，是名念漏[13]。菩萨摩诃萨常自思维：我从往昔无数劫来，为是身心造种种恶，以是因缘，流转生死，在三恶道具受众苦，遂令我远三乘正路。菩萨以是恶因缘故，于己身心生大怖畏，舍离众恶，趣向善道。

善男子！譬如有王以四毒蛇[14]盛之一箧，令人瞻养，喂饲卧起，摩洗其身。若令一蛇生嗔恚者，我当准法戮之都市。尔时，其人闻王切令，心生惶怖，舍箧逃走。王时复遣五旃陀罗[15]拔刀随后。其人回顾见后五人，遂疾舍去。是时五人以恶方便藏所持刀，密遣一人诈为亲善而语之言：汝可还来。其人不信，投一聚落欲自隐匿。即入聚中，窥看诸舍，都不见人，执捉瓦器[16]，悉空无物。既不见人，求物不得，即便坐地，闻空中声：咄哉男子！此聚空旷，无有居民，今夜当有六大贼[17]来，汝设遇者，命将不全，汝当云何而得免之？

尔时，其人恐怖遂增，复舍而去。路值一河，其河漂急，无有船筏[18]。以怖畏故，即取种种草木为筏。复更思维：我设住此，当为毒蛇、五旃陀罗、一诈亲者[19]及六大贼之所危害。若渡此河，筏不可依，当没水死。宁没水死，终不为彼蛇贼所害，即推草筏，置之水中，身倚[20]其上，手抱脚踏，截流而渡。既达彼岸，安隐无患，心意泰然，怖恐消除。

注释

①**三种恶觉：**一、欲觉，谓贪欲之知觉；二、嗔觉，谓嗔恚之知觉；三、害觉，侵害他人之知觉使嗔觉增长者。

②**非想非非想处：**非想非非想天之禅定。为无色界之第四天，是诸天中之最胜者。因此天之定心，至极静妙，无有粗想，故称非想；但尚不是没有细想，故称非

非想。

③**三有**：谓欲界、色界、无色界之有，亦即三界生死之有。

④**六念处**：六念，即念佛、念法、念僧、念戒、念施、念天。此六念有大功德。六念之境界，谓之六念处。

⑤**三觉过**：三觉，此处指三恶觉。三恶觉之过患，谓之三觉过。

⑥**三乘怨**：意谓声闻、缘觉、菩萨三乘都怨恨三恶觉。

⑦**一实**：真如。“一”，意即平等无二。平等之实相，谓之一实。

⑧**五通仙**：指得到五神通之仙人。

⑨**四大恶鬼**：意谓地、水、火、风四大亦如恶鬼一样，经常乘机寻求人们的过失。

⑩**中国**：此处指恒河流域的摩揭陀地方。因此地当时是印度政治、文化和新兴势力的中心，故名。有些佛教经典则把当时的王舍城、舍卫城称为中国。

⑪**三觉**：三恶觉。

⑫**念慧**：“念”，谓于所对之境界记忆不忘；“慧”，谓通达事理、决断疑念取得确定性认识的一种精神作用。

⑬**念漏**：念谓妄念、邪念；漏谓泄漏，即烦恼之异名。妄念生起烦恼，谓之念漏。

⑭**四毒蛇**：四种毒蛇。佛教经论中常以地、水、火、风四大比喻为四毒蛇，认为它们能危害众生，使生疾病。

⑮**五旃陀罗**："旃陀罗"，梵文 Chandra 的音译，意译屠者、严炽、执暴恶人、下姓等。在古印度阶级社会的种姓制度中，旃陀罗居于首陀罗种姓之最下位，乃最下级之种族，专事屠宰、狱卒、贩卖、渔猎等职。"五旃陀罗"，即五位旃陀罗人。经文中以色、受、想、行、识五蕴喻之为五旃陀罗。

⑯**瓦器**：原作"坻器"，今改。

⑰**六大贼**：外六尘。色、声、香、味、触、法六尘，以眼、耳、鼻、舌、身、意六根为媒介，能劫掠法财，故以六贼为喻。

⑱**筏**：原作"栰"，今改。下同。

⑲**诈亲者**：意谓本来是冤家对头，但诈现是亲爱之人。

⑳**倚**：原作"猗"，今改。

译文

其次，善男子！一切凡夫虽然善于保护其身体，但心犹出于种种原因而生起三种恶觉。因此，虽然已经断灭了烦恼，得生非想非非想处，但出于种种原因还会堕于三恶道中。善男子！譬如有人远渡大海，将近彼岸，却落水而死。凡夫也是如此，虽然将要灭尽三界之有，却仍堕于三途（三恶趣）。为什么？因为没有善觉。

什么是善觉？即所谓六念处。凡夫之人，善心十分微弱，不善之心非常旺盛。因为善心微弱，因而慧心稀少；慧心稀少，就会增长种种烦恼。大菩萨的慧眼清净，能够看到三恶觉的过患，知道此三恶觉有种种过患，常与众生做声闻、缘觉、菩萨三乘之怨敌。

由于三恶觉，乃使得无数的凡夫众生都不能见佛性，在无量劫的时间里生颠倒之心，说佛世尊没有常、乐、我，只有一净而已，如来毕竟入于涅槃。一切众生本来无常、无乐、无我、无净，由于颠倒之心，说有常、乐、我、净。实际上没有三乘，由于颠倒之心，说有三乘。

真如一实之道，真实不虚，由于颠倒之心，说没有一实之道。此三恶觉常为诸佛、菩萨所呵责；此三恶觉常常加害于我，或者也会加害于他人。有了此三恶觉，一切诸恶经常伴随着你。此三恶觉，就是三缚，它连缀着众生的无边生死。大菩萨经常是这样观察三恶觉的。

菩萨有时候由于因缘关系，应该产生欲觉，但即能默然不受。譬如有位端正净洁的人，不受一切粪秽不净的污染；亦如热铁丸，没有人会接受它；如婆罗门种姓，不受用牛肉；如食饱之人，不会接受恶劣的食品；如转轮王，不会与一切旃陀罗等下等种姓的人同坐一床一样。大菩萨厌恶、鄙视三恶觉，不贪爱、不贪味也是如此。

为什么？菩萨考虑到：众生知道我是良好的福田，我怎么能够接受此恶法呢？如果接受三恶觉，就不堪为众生的福田。我自己虽然不说我是良福田，但众生见到我就说我是良福田，因此，我现在如果生起这样的恶觉，就是欺骗一切众生。

我在过去因为欺骗众生，所以在无量劫的时间里流转生死，堕落于三恶道。我如果以恶心接受人们的信施，则一切天人及五通仙都会证知而呵责我。我如果以恶觉接受人们的信施，就会使施主的果报减少，或者根本没有果报。我如果以恶心接受施主的布施，那就是与施主结成冤仇。一切施主经常对我发起一种赤子之想，我怎么能够欺骗他们而起一种怨恨之想呢？为什么这样说？因为这样，就会使施主得不到果报，或者使果报减少。

我常常自称为出家人，而出家人就不应该起恶念；如果起恶念，就不是出家人。出家之人，应该身口相应；如果不相应，就不是出家人。我舍弃了父母、兄弟、妻子和亲属、朋友，出家修道，正是修习一切善觉的时候，不是修习不善觉的时候。

譬如有人入海求宝，不取真正的宝贝，只是取一些水晶之物。也像有些人舍弃了美妙的音乐，而游戏于粪秽之中。又如舍弃了宝女，与奴婢私通。又如舍弃了金器，使用普通的瓦盆。又如舍弃了甘露，而服食毒药。又如舍弃了亲善的良医，而从有冤仇的恶医求药而服。

我也是如此，舍离了大师如来世尊的甘露法味，而服用魔怨的种种恶觉。人身难得犹如优昙花，我如今已得到了。如来难遇超过优昙花，我如今已遇到了。清净的法宝难得见闻，我如今已见闻了。犹如盲龟在大海中遇到了浮木之孔一样。人的生命毫不停留，比起山水，更无法驻留，今天虽然存在，明天就很难保存，为何要放纵其心使其住于恶法呢？壮年之色身，毫不停留，犹如奔腾的马，为何要依恃它而生骄慢之心呢？犹如恶鬼窥伺、追求人的过失一样，地、水、火、风四大恶鬼也是如此，也是常来窥伺、追求我的过失，为何还使恶觉发起呢？譬如一所将要败朽崩溃的屋宇一样，我的生命也是如此，为何还要生起恶念呢？我名为沙门，沙门之人称为觉善觉，而我如今乃生起不善之觉，怎么能担当得起沙门这个名字呢？

我名为出家人，出家之人称为修善道，我如今行恶道，怎么能担当这出家人的名字呢？我今名为真婆罗门，所谓婆罗门，就是修净行的人，我今乃行不净恶觉，怎么能担当这婆罗门之名呢？我今也名为刹帝利大种姓，刹帝利种姓能除怨敌，我今不能驱除恶毒的怨敌，怎么能担当这刹帝利种姓之名呢？我名为比丘，比丘之人称为破烦恼，我今不能破除恶觉烦恼，怎么能称为比丘呢？

世间有六处，很难遇到，我如今已经遇到，怎么还能使恶觉居心呢？什么是六处？一、佛出世难遇；二、正法难有机会听闻；三、恐怖堕于恶道之心难以生起；四、难以生于中国（摩揭陀国）；五、人身难得；六、眼等六根难以俱全。如此六事，十分难得而已经得到，因此不应该再生起恶觉。菩萨那时修行这样的《大涅槃经》，经常不断观察此诸恶心。一切凡夫看不到这样的恶心过患，所以受此三恶觉，名为受漏。菩萨见了，既不受，也不贪着，放任舍弃，不加护持，依恃八圣道，推之使去，斩之令断灭。因此菩萨是没有受漏的，怎么能说如来是有漏的呢？因此，如来世尊不是有漏。

又其次，善男子！凡夫如果遇到身心苦恼时，就会生起种种恶念，或得身病，或得心病，使得身、口、意作种种恶。因为作恶，所以轮回三恶趣，受一切苦。为什么？因为凡夫没有念慧，所以生起种种烦恼，名之为念漏。大菩萨常常自己思考：我从过去的无数劫来，为此身心造了种种恶业，出于这些原因，所以流转于生死之中，在三恶道受一切苦，并使我远离三乘正道。菩萨因为这恶业的因缘，所以对于自己的身心生起大怖畏之心，从而舍离众恶，趣向善道。

善男子！譬如有一位国王，以四种毒蛇盛放于一个竹筐中，命人饲养，喂之以食，摩洗其身。国王说如果使一条蛇生起嗔怒者，我就要按照法律杀戮，游街示众。这时，饲养毒蛇的人听到国王的命令，心生恐怖，就舍弃了竹筐逃走。国王这时候又派遣了五位旃陀罗人（屠夫）拔刀跟随其后。其人回头看到后面有五个人跟随，就很快地舍之而去。此时，五人以恶毒的方法，暗暗藏起所持之刀，秘密地派遣一人假装与之亲善，告诉他说：你可以回来。此人不相信，逃向一村庄想把自己隐藏起来。当即进入村庄，察看诸房舍，见不到人，又翻弄家用器具，也都空无一物。既不见人，求物又不得，就坐在地上，忽闻空中有声音说：奇怪极了！此村庄空旷无居民，今夜将有六大贼来，假使你遇到了，性命将不保，你应当怎样才能够避免？

这时候，此人恐怖之心遂即增加，又复舍之而去。途中遇到一条河，河水湍急，没有船筏。因为非常恐怖、畏惧，就采集种种草木编织成筏。又一再考虑，假使我居住于此地，必将为毒蛇、五旃陀罗、一诈亲者及六大贼等所危害。如果渡过此河，草木编成之筏又不可依靠，必将没水而淹死。但是，宁可没水而死，也不愿为毒蛇、恶贼等所害，于是就推草筏置于水中，身坐其上，手抱脚踏，截流而渡。既达彼岸，安然无患，心意泰然，一切恐怖完全消除。

原典

菩萨摩诃萨得闻，受持《大涅槃经》，观身如箧，地、水、火、风如四毒蛇——见毒、触毒、气毒、啮毒，一切众生遇是四毒，故丧其命。众生四大亦复如是：或见为恶，或触为恶，或气为恶，或啮为恶。以是因缘，远离众善。

复次，善男子！菩萨摩诃萨观四毒蛇有四种姓，所谓刹利、婆罗门、毗舍、首陀。是四大蛇亦复如是，有四种性：坚性、湿性、热性、动性。是故菩萨观是四大与四毒蛇同其种性。

复次，善男子！菩萨摩诃萨观是四大如四毒蛇。云何为观？是四毒蛇常伺人便，何时当视，何时当触，何时当嘘[①]，何时当啮。四大毒蛇亦复如是，常伺众生，求其短缺。若为四蛇之所杀者，终不至于三恶道中。若为四大之所杀害，必至三恶道，定无有疑。

是四毒蛇虽复瞻养，亦欲杀人。四大亦尔，虽常供给，亦常牵人造作众恶。是四毒蛇，若一嗔者则能害人。四大之性亦复如是，若一大发亦能害人。是四毒蛇，虽同一处，四心各异。四大毒蛇亦复如是，虽同一处，性各别异。是四毒蛇，虽复恭敬，难可亲近。四大毒蛇亦复如是，虽复恭敬，亦难亲近。

是四毒蛇若害人时，或有沙门、婆罗门等，若以咒药，则可疗治。四大杀人，虽有沙门、婆罗门等神咒良药，则不能治。如自喜人闻四毒蛇气臭可恶，则便远离。诸佛、菩萨亦复如是，闻四大臭即便远离。

尔时，菩萨复更思维四大毒蛇，生大怖畏，背之驰走，修八圣道[2]。

五旃陀罗即是五阴。云何菩萨观于五阴如旃陀罗？旃陀罗者，常能令人恩爱别离、怨憎集会。五阴亦尔，令人贪近不善之法，远离一切纯善之法。

复次，善男子！如旃陀罗种种器仗以自庄严，若刀若楯若弓若箭若铠若矟，能害于人。五阴亦尔，以诸烦恼牢自庄严，害诸痴人，令堕诸有[3]。善男子！如旃陀罗，有过之人，得便害之。五阴亦尔，有诸结过，常能害人。以是义故，菩萨深观五阴如旃陀罗。

复次，菩萨观察五阴如旃陀罗，旃陀罗人无慈愍心，怨亲俱害。五阴亦尔，无慈愍心，善恶俱害。如旃陀罗恼一切人。五阴亦尔，以诸烦恼常恼一切生死众生。

是故菩萨观于五阴如旃陀罗。

复次，菩萨观察五阴如旃陀罗，旃陀罗人常怀害心。五阴亦尔，常怀诸结，恼害之心。如人无足、刀杖、侍从，当知必为旃陀罗人之所杀害。众生亦尔，无足无刀，无有侍从，则为五阴之所贼害。足名为戒，刀名为慧，侍从名为善知识也，无此三事，故为五阴之所贼害。是故菩萨观于五阴如旃陀罗。

复次，善男子！菩萨摩诃萨观察五阴过旃陀罗。何以故？众生若为五旃陀罗之所杀者，不堕地狱，为阴杀者，则堕地狱。以是义故，菩萨观阴过旃陀罗。作是观已而作愿言：我宁终身近旃陀罗，不能暂时近于五阴。

旃陀罗者，唯能害于欲界痴人，是五阴贼遍害三界凡夫众生；旃陀罗人唯能杀戮有罪之人，是五阴贼不问众生有罪无罪，悉能害之；旃陀罗人不杀衰老、妇女、稚小，是五阴贼不问众生老稚、妇女，一切悉害。是故菩萨深观此阴过旃陀罗，是故发愿宁当终身近旃陀罗，不能暂时亲近五阴。

复次，善男子！旃陀罗者，唯害他人，终不自害。五阴之贼，自害害他，过旃陀罗。旃陀罗人可以善言、钱财、宝货求而得脱，五阴不尔，不可强以善言诱喻，钱财、宝货求而得脱。

旃陀罗人于四时中不必常杀，五阴不尔，常于念念害诸众生。旃陀罗人唯在一处，可有逃避，五阴不尔，遍一切处，无可逃避。旃陀罗人虽复害人，害已不随，五阴不尔，杀众生已随逐不离。是故菩萨宁以终身近旃陀罗，不能暂时近于五阴。

有智之人以善方便得脱五阴。善方便者，即八圣道、六波罗蜜[④]、四无量心[⑤]。以是方便而得解脱身心，不为五阴所害。何以故？身如金刚，心如虚空，是故身心难可沮坏。以是义故，菩萨观阴，成就种种诸不善法，生大怖畏，修八圣道。亦如彼人畏四毒蛇、五旃陀罗，涉路而去，无所顾留。

注释

①**嘘：**原作“歔”，今改。

②**八圣道：**梵文 Āryāṣṭāṅgikamārga 的意译。亦译八正道、八支正道、八圣道分等。为三十七道品之一类。意谓八种通向涅槃解脱的正确方法或途径。是释迦牟尼佛在鹿野苑初转法轮向五弟子所说，即正见、正思维、正语、正业、正命、正精进、正念、正定。

③**诸有：**“有”，谓众生之果报有因有果，故称之为有。有三有、四有、七有、九有乃至二十五有等之区别，故总称为诸有。

④**六波罗蜜：** 亦称“六度”，即六种从生死此岸到达涅槃彼岸的方法或途径。为大乘佛教修习的主要内容。包括布施（檀那）、持戒（尸罗）、忍（羼提）、精进（毗离耶）、定（禅那）、智慧（般若）。

⑤**四无量心：** 梵文 Caturapramāṇa 的意译，也称“四等心”“四梵住”“四梵堂”。是佛、菩萨为普度无量众生而必须具有的四种精神。有慈无量心、悲无量心、喜无量心、舍无量心，合称为四无量心。

译文

大菩萨得闻，受持《大涅槃经》，观察自身如竹筐，地、水、火、风四大如四毒蛇——见毒、触毒、气毒、啮毒，一切众生遇到这四种毒，会丧失其生命。众生四大也是如此：或者以见为恶，或者以触为恶，或者以气为恶，或者以啮为恶。以此为因缘，故远离众善。

又其次，善男子！大菩萨观察四毒蛇有四种姓，即所谓刹帝利、婆罗门、吠舍、首陀罗。此四大毒蛇也是如此，有四种性，即坚性、湿性、热性、动性。因此菩萨观察四大与四毒蛇一样，同样有其种性。

又其次，善男子！大菩萨观察此四大如四毒蛇。怎样观察？此四毒蛇常常窥伺着人们，何时应当看，何时应当触，何时应当嘘气，何时应当咬。四大毒蛇也是如此，常常窥伺着众生，求其缺点和错误。如果为四毒蛇所杀害，最终还不至于堕落到三恶道中。如果为四大所杀害，最终必至三恶道，毫无疑问。

此四毒蛇虽然饲养它，仍然要杀害人。四大也是这样，虽然经常供给它，也常常缠绕着人造作众恶。此四毒蛇，如果一发怒就能杀害人。四大之性也是如此，一旦大发作亦能害人。此四毒蛇，虽然同处于一个场所，四心各有不同。四大毒蛇也是如此，虽然同处于一地，其性各不相同。此四毒蛇，虽然十分恭敬它，仍然难以亲近它。四大毒蛇也是这样，虽对之十分恭敬，也是难以亲近。

此四毒蛇如果害人时，或有沙门、婆罗门等，予以咒药，则可疗治。而四大杀人，虽有沙门、婆罗门等给予神咒良药，也不能治。如自喜人闻到四毒蛇的臭气感到可恶，就会远离而去一样。诸佛、菩萨也是如此，闻到四大的臭气也就远离而去。

这时，菩萨又更进一步思考四大毒蛇之事，生起大怖畏之心，背之迅速逃走，而修行八圣道。

五位旃陀罗人就是五蕴。为何菩萨观察五蕴犹如旃陀罗？因为旃陀罗经常会使恩爱的人分离，使怨憎的人经常集会在一起。五蕴也是这样，使人贪近不善之法，远离一切纯善之法。

其次，善男子！如旃陀罗以种种武器武装自己，像刀、盾、弓、箭、铠甲、长矛等，都能加害于人。五蕴也是这样，以种种烦恼牢牢地装备自己，伤害一切愚痴之人，使他们堕于诸有（生死之果报）。善男子！如旃陀罗对于有过失之人，得便就加以杀害。五蕴也是这样，有许多结缚的过失，常常能加害于人。因此，菩萨深观五蕴犹如旃陀罗。

又其次，菩萨观察五蕴犹如旃陀罗。因为旃陀罗人毫无慈悲之心，无论是怨是亲，一律加以杀害。五蕴也是这样，毫无慈悲之心，无论善人、恶人，一律害之。如旃陀罗恼怒一切人一样。五蕴也是这样，以种种烦恼经常恼怒一切流转生死的众生。因此菩萨观察五蕴如旃陀罗。

又其次，菩萨观察五蕴如旃陀罗，旃陀罗人常怀害人之心。五蕴也是如此，常怀种种结缚，恼害众生之心。如人没有足、刀杖、侍从等，一定会被旃陀罗人所杀害。众生也是这样，如果无足无刀，无有侍从，就一定要被五蕴之贼所害。足名为戒，刀名为慧，侍从名为善知识，众生没有这三件事，所以为五蕴之贼所害。因此，菩萨观察五蕴如旃陀罗。

又其次，善男子！大菩萨观察五蕴之害乃超过旃陀罗。为什么？因为众生如果为五旃陀罗所杀害，不堕落于地狱，如果为五蕴所杀害，就要堕落于地狱。因此，菩萨观察五蕴之害超过旃陀罗。作如此的观察以后，立誓愿说：我宁愿终身亲近旃陀罗，连片刻时间也不愿靠近五蕴。

旃陀罗只能加害于欲界愚痴之人，此五蕴贼则普遍加害于三界的凡夫众生。旃陀罗只能杀戮有罪之人，此五蕴贼不问众生有罪无罪，一律都能加以危害。旃陀罗人不杀衰老、妇女和幼小，此五蕴贼不问众生老幼、妇女，一律加以杀害。因此，菩萨深刻地观察此五蕴之害超过旃陀罗，从而发愿宁可终身亲近旃陀罗，连片刻时间也不愿去亲近五蕴。

又其次，善男子！旃陀罗只是杀害别人，而不会伤害自己。五蕴之贼，自害害他，超过旃陀罗。旃陀罗害人时，可以用美好的语言、钱财、宝货等以求得脱离，但是五蕴不是这样，不可以勉强用美好的语言诱导或用钱财、宝货以求得脱离。

旃陀罗人于一年四季中不一定经常杀人，五蕴则不是这样，常于念念中害诸众生。旃陀罗人只在一个地方，可以有逃避的机会，五蕴不是这样，普遍于一切处所，无可逃避。旃陀罗人虽然害人，但害人之后就不再追随，而五蕴不是这样，杀害众人以后仍随逐不离。因此，菩萨宁可终身亲近旃陀罗，连片刻时间也不愿亲近于五蕴。

有智慧的人以善巧的方法就能够脱离五蕴。所谓善巧的方法，就是八圣道、六波罗蜜、四无量心等。用这些方法，就能身心解脱，不为五蕴所害。为什么？因为身如金刚，心如虚空，因而身心难以毁坏。因此，菩萨观察五蕴，对于种种不善之法，生大怖畏，修习八圣道。也像有人畏惧四毒蛇、五旃陀罗，逃向大路而去，而无所回顾和流连一样。

5　师子吼菩萨品第十一之一

原典

师子吼菩萨[①]品第十一之一

尔时，佛告一切大众：诸善男子！汝等若疑有佛无佛、有法无法、有僧无僧、有苦无苦、有集无集、有灭无灭、有道无道、有实无实、有我无我、有乐无乐、有净无净、有常无常、有乘无乘、有性无性、有众生无众生、有有无有、有真无真、有因无因、有果无果、有作无作、有业无业、有报无报者，今恣汝所问，吾当为汝分别解说。善男子！我实不见若天、若人、若魔、若梵、若沙门、若婆罗门，有来问我不能答者。

尔时，会中有一菩萨名师子吼，即从座起，敛容整服，前礼佛足，长跪叉手，白佛言：世尊！我适欲问，如来大慈，复垂听许。

尔时，佛告诸大众言：诸善男子！汝等今当于是菩萨深生恭敬、尊重、赞叹，应以种种香华、伎乐、璎珞、幡盖、衣服、饮食、卧具、医药、房舍、殿堂而供养之，迎来送去。所以者何？是人已于过去诸佛深种善根，福德成就，是故今于我前欲师子吼。

善男子！如师子王自知身力，牙爪锋芒，四足踞地，安住岩穴，振尾出声。若有能具如是诸相，当知是则能师子吼。真师子王，晨朝出穴，频伸欠呿，四向顾望，发声震吼，为十一事。

何等十一？一为欲坏实非师子诈作师子故；二为欲试自身力故；三为欲令住处净故；四为诸子知处所故；五为群辈无怖心故；六为眠者得觉寤故；七为一切放逸诸兽不放逸故；八为诸兽来依附故；九为欲调大香象故；十为教告诸子息故；十一为欲庄严自眷属故。

一切禽兽闻师子吼，水性之属潜没深渊，陆行之类藏伏窟穴，飞者堕落，诸大香象怖走失粪。

诸善男子！如彼野干[②]，虽逐师子至于百年，终不能作师子吼也。若师子子，始满三年，则能哮吼如师子王。

善男子！如来正觉智慧牙爪，四如意足、六波罗蜜满足之身，十力勇猛，大悲为尾，安住四禅清净窟宅。

为诸众生而师子吼，摧破魔军，示众十力，开佛行处。为诸邪见作归依所，安抚生死怖畏之众，觉寤无明睡眠众生。行恶法者为作悔心，开示邪见一切众生，令知六师[③]非师子吼故。

破富兰那[④]等憍慢心故；为令二乘生悔心故；为教五住诸菩萨[⑤]等生大力心故；为令正见四部之众，于彼邪见四部徒众不生怖畏故，从圣行[⑥]、梵行[⑦]、天行[⑧]窟宅频申而出；为欲令彼诸众生等破憍慢故欠呿；为令诸众生等生善法故四向顾望；为令众生得四无碍[⑨]故四足踞地；为令众生具足安住尸波罗蜜[⑩]故，故师子吼。师子吼者名决定说：一切众生悉有佛性，如来常住无有变易。

善男子！声闻、缘觉虽复随逐如来世尊无量百千阿僧祇劫，而亦不能作师子吼。十住菩萨若能修行是三行[⑪]处，当知是则能师子吼。诸善男子！是师子吼菩萨摩诃萨，今欲如是大师子吼，是故汝等应当深心供养、恭敬、尊重、赞叹。

尔时，世尊告师子吼菩萨摩诃萨言：善男子！汝若欲问，今可随意。

师子吼菩萨摩诃萨白佛言：世尊！云何为佛性？以何义故，名为佛性？何故复名常、乐、我、净？若一切众生有佛性者，何故不见一切众生所有佛性？十住菩萨住何等法不了了见[⑫]？佛住何等法而了了见？十住菩萨以何等眼不了了见？佛以何眼而了了见？

佛言：善男子！善哉！善哉！若有人能为法谘启，则为具足二种庄严[13]：一者智慧，二者福德。若有菩萨具足如是二庄严者，则知佛性。亦复解知名为佛性，乃至能知十住菩萨以何眼见，诸佛世尊以何眼见。

师子吼菩萨言：世尊！云何名为智慧庄严？云何名为福德庄严？

善男子！慧庄严者，谓从一地乃至十地，是名慧庄严。福德庄严者，谓檀波罗蜜乃至般若、非般若波罗蜜。复次，善男子！慧庄严者，所谓诸佛、菩萨；福德庄严者，谓声闻、缘觉、九住菩萨。

复次，善男子！福德庄严者，有为、有漏；有有、有果报；有碍、非常；是凡夫法。慧庄严者，无为、无漏；无无、无果报；无碍、常住。

善男子！汝今具足是二庄严，是故能问甚深妙义。我亦具足是二庄严，能答是义。

师子吼菩萨摩诃萨言：世尊！若有菩萨具足如是二庄严者，则不应问一种二种，云何世尊说言能答一种二种？所以者何？一切诸法无一、二种，一种二种者是凡夫相。

佛言：善男子！若有菩萨无二种庄严，则不能知一种二种。若有菩萨具二庄严，则能解知一种二种。若言诸法无一、二者，是义不然。何以故？若无一、二，云何得说一切诸法无一无二？

善男子！若言一、二是凡夫相，是乃名为十住菩萨，非凡夫也。何以故？一者名为涅槃，二者名为生死。何故一者名为涅槃？以其常故。何故二者名为生死？爱、无明故。

常涅槃者，非凡夫相；生死二者，亦非凡夫相。以是义故，具二庄严者，能问能答。

注释

①**师子吼菩萨：**“师子吼”，比喻佛在大众中演说佛法，心中毫无怖畏，犹如狮子作吼。此处指有一菩萨名叫师子吼。

②**野干：**音译“悉伽罗”。兽名。似狐而小，形色青黄，如狗群行，夜鸣如狼。

③**六师：**与释迦牟尼同时代的反婆罗门教正统思想的六派代表人物。佛教通称为“六师外道”。其代表人物为：富兰那迦叶、末伽梨拘赊梨子、删阇夜毗罗胝子、阿耆多翅舍钦婆罗、迦罗鸠驮迦旃延、尼犍乾陀若提子。

④**富兰那：**富兰那迦叶，印度六师外道代表人物之一。

⑤**五住诸菩萨：**指菩萨五十二位修行中十住菩萨的前五住菩萨，即：发心住菩萨、治地住菩萨、修行住菩萨、生贵住菩萨、方便具足住菩萨。

⑥**圣行：**指菩萨修戒、定、慧之行。

⑦**梵行：**指菩萨修清净之行。

⑧**天行：**天为第一义天，即天然实相之理。菩萨修天然之理而成妙行，谓之“天行”。

⑨**四无碍：**四无碍解，亦称四无碍智、四无碍辩。为诸菩萨说法之智辩。一、法无碍，谓通达诸法名字，分别无滞；二、义无碍，谓了知一切法理，通达无碍；三、辞无碍，谓通晓殊方异语，能随意演说；四、乐说无碍，亦称辩说无碍，谓为众生说法，圆融无碍，闻者乐听其说。

⑩**尸波罗蜜：**六波罗蜜之一，即持戒度。

⑪**三行：**圣行、梵行、天行。

⑫**了了见：**指眼根清净不坏，直接见其物者。意谓十分清楚地看到一切事物。

⑬**二种庄严：**一、智慧庄严，得智慧而为身之庄严者；二、福德庄严，积福德而为身之庄严者。

译文

这时候，佛告诉一切大众说：各位善男子！你们如果怀疑有佛无佛、有法无法、有僧无僧、有苦无苦、有集无集、有灭无灭、有道无道、有实无实、有我无我、有乐无乐、有净无净、有常无常、有乘无乘、有性无性、有众生无众生、有有无有、有真无真、有因无因、有果无果、有作无作、有业无业、有报无报的话，如今你们尽管发问，我当为你们分别解说。善男子！我还没有看到有天、人、魔、梵天、沙门、婆罗门等有问题来问我，我不能回答的。

这时候，法会中有一位菩萨名字叫作师子吼，即从自己的座位上站起来，端正自己的容貌，整理好自己的服装，上前顶礼佛足，长跪合掌而对佛说：世尊！我刚巧想问，蒙如来大慈大悲，又俯允听我提问，不胜感激。

这时候，佛告诉各位大众说：诸位善男子！你们对这位菩萨应该深加恭敬、尊重和赞叹，同时应以各种香花、伎乐、璎珞、幡盖以及美好的衣服、饮食、卧具、医药、房屋、殿堂等加以供养，送往迎来。为什么要这样？因为此菩萨已在过去诸佛处深植善根，成就种种福德，所以如今在我面前说法无畏，如狮子吼。

善男子！犹如狮子王一样，自知自己的力量，牙爪如锋芒，四足蹲在地上，安住于山谷的岩洞中，振动尾巴而发出巨声。如果有人能具备这许多相状，当知此人就能像狮子吼那样说法无畏。真正的狮子王，早晨走出岩洞，抖擞身体，伸展四肢，向四面张望，发出巨大的吼叫声，为的是十一件事。

是哪十一件事呢？一是为了要恫吓那些实际上不是狮子而诈称狮子的野兽；二是为了要试一下自身的力量；三是为了要使自己的住处清净；四是为了使它的幼狮辈知道它的住处；五是为了使它的同类不生恐怖之心；六是为了使睡眠的野兽醒来；七是为了使一切散漫的野兽不再散漫；八是为了使一切野兽都来依附于它；九是为驯服大香象；十是为了教育它的一切儿孙辈；十一是为了庄严自己的亲属。

所有的禽兽听了狮子的吼声后，水中鱼类都潜没于深渊之中；陆地上的野兽都藏伏于洞穴中，不敢出来；天上的飞鸟都从空中跌落下来；一切大香象都吓得大便失禁，落荒而逃。

各位善男子！像那野狐一样，虽然跟随狮子已有百年，但终不能做狮子吼。如果是狮子的孩子，只要刚满三年，就能发出吼声如狮子之王。

善男子！如来成正觉后，具足智慧牙爪，四如意足、六波罗蜜等圆满具足之身，十力勇猛，以大悲为尾，安住于色界四禅天的清净窟宅。为了一切众生而说法无畏，如狮子吼，摧破魔军，显示出十力无畏，开示悟入诸佛的修行之处。为一切具有各种邪见的人做皈依之处，安抚那些怖畏生死的众生，觉悟那些因无明而具有睡眠烦恼的众生。使做恶事的人能生起悔过之心，开示那些具有邪见的一切众生，使他们了解六师外道的说法不像狮子吼那样无所畏惧。

为了破除外道富兰那等骄慢之心；为了使声闻、缘觉生起悔悟之心；为了教五住菩萨等生起大力之心；为了使具有正见的四部之众，对于那些邪见四部徒众不恐怖和畏惧，从圣行、梵行、天行的窟宅中低吼而出；为了使一切众生破除骄慢之心故抖擞身体；为了使一切众生生起善法，故向四面张望；为了使众生能得到四无碍智，故而四足蹲在地上；为了使众生圆满地安住于持戒度，故无所畏惧地发出狮子吼。所谓狮子吼是坚定地说明：一切众生悉有佛性，如来常住没有变异。

善男子！声闻、缘觉虽也追随如来无限久远的岁月，但还是不能做狮子吼。而十住菩萨如果能修行圣行、梵行、天行等三行处，就能够做狮子吼。各位善男子！此师子吼大菩萨今天要做这样的大狮子吼，因此你们应当发大心供养、恭敬、尊重和赞美。

这时候，佛又告诉师子吼大菩萨说：善男子！你如果有问题，可以随意提出来。

师子吼大菩萨就对佛说：世尊！什么叫佛性？因为什么道理叫它佛性？为什么又名常、乐、我、净？如果一切众生都有佛性，为什么看不到一切众生所具有的佛性？十住菩萨住于哪些法而不能了见？佛住于哪些法而能了见？十住菩萨因为哪些眼而不能了见？佛以何眼而能了见？

佛说：善男子！好极了！好极了！如果有人能够为了佛法而咨询，就是具备了两种庄严：一为智慧，二为福德。如果有菩萨具备这两种庄严，就是知道了佛性。也只有了解什么叫作佛性，才能够知道十住菩萨是以何眼见，一切如来又是以何眼见。

师子吼菩萨说：世尊！什么叫作智慧庄严？什么叫作福德庄严？

佛告诉师子吼菩萨说：善男子！所谓智慧庄严，就是从一地到十地进行修习。所谓福德庄严，就是修行檀波罗蜜到般若波罗蜜和非般若波罗蜜。其次，善男子！智慧庄严，是指诸佛和菩萨；福德庄严，则是指声闻、缘觉和九住菩萨。

再次，善男子！福德庄严，是有因缘造作之有为法、有烦恼之有漏法；是有生死流转、有果报之法；是有质碍、非常住不变之法；是凡夫之法。智慧庄严，是无因缘造作之无为法、清净无烦恼之无漏法；是无有非生死流转、无有果报之法；是自由通达无碍、常住不变之法。

善男子！你现在已经完全具备了这两种庄严，所以能够询问如此甚深妙义。我也完全具备了这两种庄严，所以能够回答这些深奥的微妙之理。

师子吼大菩萨又说：世尊！如有菩萨具备了这样两种庄严，就不应该问一种和两种，为什么世尊说能够回答一种和两种？我为什么这样说呢？因为一切诸法都是没有一种、两种之称，而说一切诸法有一种、两种，乃是凡夫之相。

佛说：善男子！如果有菩萨没有这两种庄严，就不能知道一种两种。如果有菩萨具足了这二庄严，就能够了解和知道一种和两种。如果说诸法没有一种、两种，这不合乎道理。为什么这样说？因为如果没有一种、两种，又怎么能说一切诸法是没有一种、没有两种呢？

善男子！如果说诸法有一种、两种是凡夫相，实际上是十住菩萨，不是凡夫。为什么这样说？因为说一是真实法，名为涅槃之法；说二，名为生死之法。为什么一名为涅槃？因为它是常住不变之法。为什么二名为生死？因为它有贪爱和无明。

常住不变的涅槃之法，不是凡夫相；生死二法，也不是凡夫之相。因为有这些道理，所以具备了这两种庄严，就能够提出问题，解答问题。

原典

善男子！汝问云何为佛性者？谛听谛听！吾当为汝分别解说。善男子！佛性者名第一义空[①]，第一义空名为智慧。所言空者，不见空与不空。智者见空及与不空、常与无常、苦之与乐、我与无我。

空者一切生死，不空者谓大涅槃，乃至无我者即是生死，我者谓大涅槃。见一切空，不见不空，不名中道，乃至见一切无我，不见我者，不名中道。中道者名为佛性，以是义故，佛性常恒，无有变易，无明覆故，令诸众生不能得见。声闻、缘觉见一切空，不见不空，乃至见一切无我，不见于我，以是义故，不得第一义空。不得第一义空，故不行中道。无中道，故不见佛性。

善男子！不见中道者，凡有三种：一者定乐行，二者定苦行，三者苦乐行。定乐行者，所谓菩萨摩诃萨怜愍一切诸众生故，虽复处在阿鼻地狱，如三禅乐。定苦行者，谓诸凡夫。苦乐行者，谓声闻、缘觉。声闻、缘觉行于苦乐作中道想。以是义故，虽有佛性而不能见。如汝所问，以何义故名佛性者？

善男子！佛性者，即是一切诸佛阿耨多罗三藐三菩提中道种子。复次，善男子！道有三种，谓下、上、中。下者，梵天无常，谬见是常。上者，生死无常，谬见是常；三宝是常，横计无常。

何故名上？能得最上阿耨多罗三藐三菩提故。中者，名第一义空，无常见无常，常见于常。第一义空不名为下，何以故？一切凡夫所不得故。不名为上，何以故？即是下故。诸佛、菩萨所修之道不上不下，以是义故，名为中道。

复次，善男子！生死本际[②]凡有二种：一者无明，二者有爱[③]。是二中间，则有生老病死之苦，是名中道。如是中道，能破生死，故名为中。以是义故，中道之法名为佛性。是故佛性常、乐、我、净，以诸众生不能见故，无常、无乐、无我、无净，佛性实非无常、无乐、无我、无净。

善男子！譬如贫人家有宝藏，是人不见。以不见故，无常、无乐、无我、无净。有善知识而语之言：汝舍宅中有金宝藏，何故如是贫穷困苦，无常、无乐、无我、无净？即以方便令彼得见。以得见故，是人即得常、乐、我、净。佛性亦尔，众生不见，以不见故，无常、无乐、无我、无净，有善知识，诸佛、菩萨以方便力种种教告，令彼得见。以得见故，众生即得常、乐、我、净。

复次，善男子！众生起见凡有二种：一者常见[④]，二者断见[5]。如是二见不名中道，无常、无断，乃名中道。无常、无断即是观照十二因缘智，如是观智，是名佛性。二乘之人虽观因缘，犹亦不得名为佛性。佛性虽常，以诸众生无明覆故，不能得见。又未能渡十二因缘河，犹如兔、马[6]。何以故？不见佛性故。善男子！是观十二因缘智慧，即是阿耨多罗三藐三菩提种子。以是义故，十二因缘名为佛性。

善男子！譬如胡瓜，名为热病。何以故？能为热病作因缘故。十二因缘亦复如是。善男子！佛性者，有因有因因[7]，有果有果果[8]。有因者即十二因缘，因因者即是智慧，有果者即是阿耨多罗三藐三菩提，果果者即是无上大般涅槃。

善男子！譬如无明为因，诸行为果，行因识果。以是义故，彼无明体亦因亦因因，识亦果亦果果。佛性亦尔。善男子！以是义故，十二因缘不出不灭、不常不断、非一非二、不去不来、非因非果。

善男子！是因非果如佛性，是果非因如大涅槃，是因是果如十二因缘所生之法，非因非果名为佛性。非因果故，常恒无变。以是义故，我经中说十二因缘其义甚深，无知无见，不可思维，乃是诸佛、菩萨境界，非诸声闻、缘觉所及。

以何义故，甚深甚深？众生业行不常不断而得果报，虽念念灭而无所失，虽无作者而有作业，虽无受者而有果报。受者虽灭果不败亡，无有虑知，和合而有，一切众生虽与十二因缘共行而不见知。不见知故，无有终始。十住菩萨唯见其终，不见其始，诸佛世尊见始见终。以是义故，诸佛了了得见佛性。

善男子！一切众生不能见于十二因缘，是故轮转[⑨]。善男子！如蚕作茧，自生自死，一切众生亦复如是，不见佛性故，自造结业，流转生死，犹如拍球。善男子！是故我于诸经中说：若有人见十二缘者，即是见法，见法者即是见佛，佛者即是佛性。何以故？一切诸佛以此为性。

善男子！观十二缘智凡有四种：一者下，二者中，三者上，四者上上。下智观者，不见佛性。以不见故，得声闻道。中智观者，不见佛性。以不见故，得缘觉道。上智观者，见不了了。不了了故，住十住地。上上智观者，见了了故，得阿耨多罗三藐三菩提道。以是义故，十二因缘名为佛性。佛性者即第一义空，第一义空名为中道，中道者即名为佛，佛者名为涅槃。

尔时，师子吼菩萨摩诃萨白佛言：世尊！若佛与佛性无差别者，一切众生何用修道？

佛言：善男子！如汝所问，是义不然。佛与佛性虽无差别，然诸众生悉未具足。善男子！譬如有人恶心害母，害已生悔，三业虽善，是人故名地狱人也。何以故？是人定当堕地狱故。是人虽无地狱阴、界、诸入[10]，犹故得名为地狱人。

善男子！是故我于诸经中说，若见有人修行善者，名见天人，修行恶者，名见地狱。何以故？定受报故。善男子！一切众生定得阿耨多罗三藐三菩提故，是故我说一切众生悉有佛性。一切众生真实未有三十二相、八十种好，以是义故，我于此经而说是偈：

本有今无，本无今有；
三世有法，无有是处。

善男子！有者凡有三种：一未来有，二现在有，三过去有。一切众生未来之世，当有阿耨多罗三藐三菩提，是名佛性。一切众生现在悉有烦恼诸结，是故现在无有三十二相、八十种好。一切众生过去之世有断烦恼，是故现在得见佛性。以是义故，我常宣说一切众生悉有佛性，乃至一阐提等亦有佛性。

一阐提等无有善法，佛性亦善以未来有故，一阐提等悉有佛性。何以故？一阐提等定当得成阿耨多罗三藐三菩提故。善男子！譬如有人家有乳酪，有人问言：汝有苏[11]耶？答言：我有酪，实非苏。以巧方便定当得故，故言有苏。众生亦尔，悉皆有心，凡有心者，定当得成阿耨多罗三藐三菩提。以是义故，我常宣说一切众生悉有佛性。

注释

①**第一义空**：相对于小乘之涅槃而称大乘至极之涅槃为“第一义空”。

②**本际**：指根本究竟之边际。此处指生死之根源、根本处。

③**有爱**：指色界、无色界之贪爱。

④**常见**：谓固执身心常住之见。

⑤**断见**：谓固执身心断灭之见。

⑥**兔、马**：这里比喻声闻、缘觉，犹如兔、马一样，还不能顺利地渡过十二因缘河。

⑦**因因**：因中之因。此处指十二因缘之因，即智慧。

⑧**果果**：果位之果。此处指阿耨多罗三藐三菩提之果，即无上大般涅槃。

⑨**轮转**：轮转生死，与轮回含义相同。

⑩**阴、界、诸入**：“阴”即五蕴，“界”即十八界，“诸入”即十二入（处）。

⑪**苏**：“酥”，从乳酪提炼而成。

译文

佛又说：善男子！你问为什么称之为佛性？应该认真地听，我将为你分别予以解释。善男子！所谓佛性，就是第一义空，第一义空名为智慧。所谓空，就是看不到空和不空。有智慧的人，是既看到空，又看到不空；既看到常，又看到无常；既看到苦，又看到乐；既看到我，又看到无我。

空，就是指一切生死之法；不空，就是指大涅槃法。直到无我，也都是指生死法；我，则是指大涅槃法。虽看到一切空，然而看不到不空，就不能称之为中道，直至只看到一切无我，而看不到有我，也不能叫作中道。中道名为佛性，从这一意义上讲，佛性乃恒常存在，没有变异，但由于为无明所覆盖，所以使一切众生都看不到。声闻、缘觉只看到一切皆空，而看不到不空，直至只看到一切无我，而看不到有我，正是由于这样，所以不能得知第一义空。由于不能得知第一义空，所以不能行于中道，而没有中道，也就看不到佛性。

善男子！看不到中道的人，大约有三种：第一种人一定是修乐行，第二种人一定是修苦行，第三种人则是既修苦行又修乐行。修乐行的人，就是大菩萨为了怜悯一切众生，虽然处于阿鼻地狱中，仍然如处在第三禅天的妙乐之中一样。修苦行的人，就是一切凡夫。修苦乐行的人，就是声闻、缘觉。声闻、缘觉于苦乐行起中道之想。由于这些道理，故虽有佛性而看不到。如你所问，是根据什么道理才名之为佛性呢?

善男子！所谓佛性，就是一切诸佛的阿耨多罗三藐三菩提的中道种子。其次，善男子！中道的道，有下、上、中三种。下者，梵天本来是无常的，错误地看作是常。上者，生死本来是无常的，错误地看作是常；本来是常住不变的，把佛、法、僧三宝，横加计度看成是无常。

为什么称之为“上”？因为能得最上的阿耨多罗三藐三菩提。中者，名为第一义空，将无常看成无常，常看成是常。第一义空不能称之为“下”，为什么？因为一切凡夫都得不到。也不能称之为“上”，为什么？因为就是“下”。诸佛、菩萨所修之道，既不上，也不下，因此名为中道。

再次，善男子！生死流转的根本处约有二种：一是无明，二是有爱。在这二者中间，就有生老病死之苦，这就名为中道。这种中道，能破生死之苦，故名之为“中”。因此，中道之法，名之为佛性。佛性是常、乐、我、净，但由于一切众生都看不到，所以好像是无常、无乐、无我、无净，实际上佛性不是无常、无乐、无我、无净的。

善男子！譬如贫穷人家有宝藏，但是此人看不到。因为看不到，所以是无常、无乐、无我、无净。有善知识告诉他说：你的住宅中有金宝藏，为什么这样贫穷困苦，无常、无乐、无我、无净？于是就用善巧的方法使此人得以看见自己住宅中的宝藏。因为看见了，所以此人就得到了常、乐、我、净。佛性也是这样，因为众生都看不见，由于看不见，所以是无常、无乐、无我、无净，由于有善知识，诸佛、菩萨以善巧的方法，给予种种教导，使他们能够看得见。因为看得见，一切众生就能得到常、乐、我、净。

再其次，善男子！众生所起的见解有两种：一为常见，二为断见。此两种见，不能称之为中道，无常、无断，才可以名之为中道。无常、无断，就是观照十二因缘之智，这种观照之智，名为佛性。声闻、缘觉之性，虽也观照十二因缘，但还不能名之为佛性。佛性虽常住不变，但因一切众生为无明所覆盖，所以看不见。又好像是兔、马一样，还不能渡过十二因缘之河。为什么？因为看不到佛性。善男子！这种观照十二因缘的智慧，就是阿耨多罗三藐三菩提种子。因此，十二因缘名为佛性。

善男子！譬如胡瓜，名为热病。为什么？因为胡瓜能作为消除热病的因缘。十二因缘也是如此。善男子！佛性，有因，又有因中因；有果，又有果中果。有因，就是十二因缘；因中因，就是智慧；有果，就是阿耨多罗三藐三菩提；果中果，就是无上大般涅槃。

善男子！譬如无明为因，诸行为果，又以诸行为因，诸识为果。因此，那无明的体，既是因，又是因的因，识是果，又是果的果。佛性也是这样。善男子！根据这一道理，十二因缘不生也不灭、不常也不断、非一也非二、不去也不来、非因也非果。

善男子！是因非果犹如佛性；是果非因犹如大涅槃；既是因又是果，如十二因缘所生之法；既非因亦非果，名之为佛性。因为非因非果，所以恒常不变。因此，我在经中说十二因缘，其含义是很深的，它无知无见，不可思维，乃是诸佛、菩萨才能达到的境界，并不是一切声闻、缘觉所能达到的。

为什么说它的含义甚深甚深？因为众生的业行，乃为不常又不断，而得到果报，虽念念灭而一无所失；虽无造作之人，但却有所作之业；虽无受领之人，但却有果报。受领之人虽能消灭，但果报却永不败亡，无有思虑、理解，一切都是和合而有，一切众生虽与十二因缘共行，但不能见、不能知。因为不能见、不能知，所以没有终，也没有始。十住菩萨唯见其终，不见其始，只有诸佛世尊既见始，又见终。因为这样的道理，所以诸佛能非常清楚地得见佛性。

善男子！一切众生由于不见十二因缘，所以轮转于生死之中。善男子！像蚕作茧一样，而自生自灭，一切众生也是一样，因为不见佛性，自造烦恼等业，而流转于生死之中，犹如拍球一样，上下不停。善男子！因此我在诸经中说：如果有人见到十二因缘，就是见到法，见到法就是见到佛，佛就是指佛性。为什么？因为一切诸佛都以此为性。

善男子！观照十二因缘的智慧有四种：一为下智，二为中智，三为上智，四为上上智。下智观照十二因缘，不见佛性。因为不见，故得声闻道。中智观照十二因缘，也不见佛性。因为不见，故得缘觉道。上智观照十二因缘，见到了佛性，但不很明了。因为不很明了，故住于十住地。上上智观照十二因缘，不仅看到了佛性，而且十分明了其含义，故能得阿耨多罗三藐三菩提道。因此，十二因缘名之为佛性。佛性，就是第一义空，第一义空名为中道，中道名之为佛，佛名为涅槃。

这时候，师子吼大菩萨对佛说：世尊！如果说佛与佛性没有差别，一切众生怎么还要修道呢？

佛回答说：你所问的，于道理不合。佛与佛性虽然没有差别，但一切众生对此都未圆满具足。善男子！譬如有人恶心害母，害了以后即生悔过之心，其身、口、意三业虽然为善，此人仍旧名为地狱人。为什么？因为此人一定会堕入地狱。此人虽然没有到达地狱的五蕴、十八界，十二处，但仍然可以名之为地狱人。

善男子！因此我在诸经中说，如果见到有人修行善法，就名为见天人，如果修行恶法，名为见地狱。为什么？因为一定要受果报的缘故。善男子！一切众生一定将得阿耨多罗三藐三菩提，因此我说一切众生都有佛性。一切众生实际上没有三十二相、八十种好，因此我在此经中说偈：

本来有的，现在没有了，
本来没有的，而现在有了；
说过去、现在、未来三世是实有之法，
那是没有道理的。

善男子！有三种“有”：一为未来有，二为现在有，三为过去有。一切众生于未来之世，将证得阿耨多罗三藐三菩提，这名为佛性。一切众生现在都有烦恼的结缚，因此现在没有三十二相、八十种好。一切众生在过去之世有断灭烦恼，因此现在能看到佛性。由于这些道理，我经常宣说一切众生都有佛性，乃至一阐提等也有佛性。

一阐提等虽然没有善法，但佛性在未来之世还是有的，所以一阐提等都有佛性。为什么？因为一阐提等将来一定得以成就阿耨多罗三藐三菩提。善男子！譬如有人家中有乳酪，有人问他说：你有乳酥吗？回答说：我只有乳酪，实在没有乳酥。但以善巧方法一定能够得到，所以也可以说有乳酥。众生也是这样，都有"心"，凡是有"心"的，将来一定能成就阿耨多罗三藐三菩提。由于这个道理，因而我常宣说一切众生都有佛性。

原典

善男子！毕竟有二种：一者庄严毕竟，二者究竟毕竟。一者世间毕竟，二者出世毕竟。庄严毕竟者，六波罗蜜；究竟毕竟者，一切众生所得一乘。一乘者名为佛性，以是义故，我说一切众生悉有佛性。一切众生悉有一乘，以无明覆故，不能得见。

善男子！如郁单越[①]、三十三天[②]，果报覆故，此间众生不能得见。佛性亦尔，诸结覆故，众生不见。

复次，善男子！佛性者即首楞严三昧[③]，性如醍醐，即是一切诸佛之母。以首楞严三昧力故，而令诸佛常、乐、我、净。一切众生悉有首楞严三昧，以不修行，故不得见，是故不能得成阿耨多罗三藐三菩提。

善男子！首楞严三昧者，有五种名：一者首楞严三昧，二者般若波罗蜜，三者金刚三昧，四者师子吼三昧[④]，五者佛性。随其所作，处处得名。善男子！如一三昧得种种名。如禅名四禅，根名定根[⑤]，力名定力[⑥]，觉名定觉[⑦]，正名正定[⑧]，八大人觉[⑨]名为定觉。首楞严定亦复如是。

善男子！一切众生具足三定，谓上、中、下。上者，谓佛性也，以是故言一切众生悉有佛性。中者，一切众生具足初禅，有因缘时则能修习，若无因缘则不能修。因缘二种：一谓火灾[⑩]，二谓破欲界结。以是故言一切众生悉具中定。下定者，十大地[⑪]中心数定也，以是故言一切众生悉具下定。一切众生悉有佛性，烦恼覆故，不能得见。十住菩萨虽见一乘，不知如来是常住法，以是故言十地菩萨虽见佛性而不明了。

善男子！首楞严者，名一切毕竟，严者名坚，一切毕竟而得坚固，名首楞严。以是故言首楞严定名为佛性。

善男子！我于一时住尼连禅河，告阿难言：我今欲洗，汝可取衣及以澡豆[⑫]。我既入水，一切飞鸟水陆之属，悉来观我。尔时复有五百梵志[⑬]来在河边，因到我所各相谓言：云何而得金刚之身？若使瞿昙不说断见，我当从其启受斋法。

善男子！我于尔时以他心智，知是梵志心之所念，告梵志言：云何谓我说于断见？

彼梵志言：瞿昙先于处处经中说诸众生悉无有我，既言无我，云何而言非断见耶？若无我者，持戒者谁？破戒者谁？

佛言：我亦不说一切众生悉无有我，我常宣说一切众生悉有佛性。佛性者，岂非我耶？以是义故，我不说断见。一切众生不见佛性，故无常、无乐、无我、无净，如是则名说断见也。

时诸梵志闻说佛性即是我故，即发阿耨多罗三藐三菩提心，寻时出家修菩提道。一切飞鸟水陆之属亦发无上菩提之心，既发心已，寻得舍身。善男子！是佛性者，实非我也，为众生故，说名为我。

善男子！如来有因缘故说无我为我，真实无我。虽作是说，无有虚妄。善男子！有因缘故说我为无我，而实有我。为世界故，虽说无我，而无虚妄。佛性无我，如来说我，以其常故，如来是我而说无我，得自在故。

尔时，师子吼菩萨摩诃萨白佛言：世尊！若一切众生悉有佛性，如金刚力士[14]者，以何义故，一切众生不能得见？

佛言：善男子！譬如色法，虽有青、黄、赤、白之异，长、短质像，盲者不见。虽复不见，亦不得言无青、黄、赤、白，长、短质像。何以故？盲虽不见，有目见故。佛性亦尔，一切众生虽不能见，十住菩萨见少分故，如来全见。十住菩萨所见佛性如夜见色，如来所见如昼见色。

善男子！譬如瞎者见色不了，有善良医而为治目，以药力故得了了见。十住菩萨亦复如是，虽见佛性不能明了，以首楞严三昧力故能得明了。

善男子！若有人见一切诸法无常、无我、无乐、无净，见非一切法无常、无我、无乐、无净，如是之人不见佛性。一切者名为生死，非一切者名为三宝。声闻、缘觉见一切法无常、无我、无乐、无净，非一切法亦见无常、无我、无乐、无净，以是义故，不见佛性。

十住菩萨见一切法无常、无我、无乐、无净，非一切法分见常、乐、我、净，以是义故，十分之中得见一分。诸佛世尊见一切法无常、无我、无乐、无净，非一切法见常、乐、我、净。以是义故，见于佛性如观掌中阿摩勒果[15]。以是义故，首楞严定名为毕竟。善男子！譬如初月，虽不可见，不得言无。佛性亦尔，一切凡夫虽不得见，亦不得言无佛性也。

善男子！佛性者，所谓十力[16]、四无所畏[17]、大悲三念处[18]。一切众生悉有三种，破烦恼故，然后得见。一阐提等，破一阐提，然后能得十力、四无所畏、大悲三念处。以是义故，我常宣说一切众生悉有佛性。

注释

①**郁单越**：“郁”，原作“欝”，有误，今依《频伽藏》改。又译“北俱卢洲”，佛经中称四大洲中北方之大洲名。

②**三十三天**：又名忉利天。为欲界之第二天，在须弥山顶上，中央为帝释天，四方各有八天，合成三十三天。

③**首楞严三昧**：首楞严定。为佛所得之三昧，究竟、坚固，无与伦比。

④**师子吼三昧**：意谓如狮子吼那样勇猛无畏之三昧。

⑤**定根**：五根之一。谓禅定能生一切的功德，故名。

⑥**定力**：五力之一。谓禅定的力量，能破除一切的乱想。

⑦**定觉**：七觉支之一。能使心住于一境而不散乱。

⑧**正定**：八正道之一。即正确的禅定，谓心安于一境，不乱不动。

⑨**八大人觉**：谓有八法为菩萨、声闻、缘觉大力量人所觉悟，故名。八法，即世间无常觉、多欲为苦觉、心无厌足觉、懈怠堕落觉、愚痴生死觉、贫苦多怨觉、五欲过患觉、生死炽然苦恼无量觉。

⑩**火灾：**大三灾之一。即大火灾破坏世界。谓有七个日轮，同时并出，焚烧此世界，下至无间地狱，上至色界之初禅天，全被烧遍。

⑪**十大地：**见道以上的菩萨，分十地，高地之位，称为“大地”。因最高地即第十地，故又称第十地。

⑫**澡豆：**洗涤身体、衣服等污秽所用之豆粉，系用大豆、小豆、摩沙豆、豌豆、迦提婆罗草、梨频陀子等磨粉而成。为比丘十八物之一。

⑬**梵志：**有多种解释：一谓志求生于梵天的人，二谓在家的婆罗门，三指一切外道的出家人。此处即指外道的出家者。

⑭**金刚力士：**又称金刚神、金刚夜叉等。即手执金刚杵护持佛法之天神。

⑮**掌中阿摩勒果：**“阿摩勒果”，亦称庵摩罗果。为印度的一种药果，形似槟榔，食之可除风冷。此处“掌中阿摩勒果”，比喻为一目了然，十分清楚。

⑯**十力：**指如来所具有的十种力用：一、知觉处非处智力，二、知三世业报智力，三、知诸禅解脱三昧智力，四、知诸根胜劣智力，五、知种种解智力，六、知种种界智力，七、知一切至所道智力，八、知天眼无碍智力，九、知宿命无漏智力，十、知永断习气智力。

⑰**四无所畏：**亦称“四无畏”。教化他人之心无所

畏惧，叫作“无畏”。有佛四无畏与菩萨四无畏两种。佛四无畏是：一、一切智无所畏，二、漏尽无所畏，三、说障道无所畏，四、说尽苦道无所畏。菩萨四无畏是：一、总持不忘，说法无畏；二、尽知法药及知众生根欲性心，说法无畏；三、善能问答，说法无畏；四、能断物疑，说法无畏。

⑱**大悲三念处：**“三念处”亦称“三念住”。谓佛大慈大悲，为了摄化众生，常处于三种念中。第一念处，众生信佛，佛亦不生欢喜心，常安处于正念、正智之中；第二念处，众生不信佛，佛亦不生忧恼心，常安处于正念、正智之中；第三念处，同时有一类众生信佛，一类众生不信佛，佛知道了亦不生欢喜心与忧戚心，常安处于正念、正智之中。

译文

善男子！毕竟（究竟之法）有二种：一为庄严毕竟，二为究竟毕竟。一为世间毕竟，二为出世间毕竟。庄严毕竟，就是六波罗蜜；究竟毕竟，就是一切众生所得之一乘法。一乘法名为佛性，因此，我说一切众生都有佛性。一切众生都有一乘法，因被无明所覆盖，所以不能得见。

善男子！如四大洲中的北俱卢洲和欲界的三十三

天，因被果报所覆盖，所以世间的众生都不能得见。佛性也是这样，为诸烦恼所覆盖，所以众生不能得见。

其次，善男子！佛性，即是首楞严三昧，其性如醍醐，也就是一切诸佛之母。由于首楞严三昧的力量，从而使一切诸佛常、乐、我、净。一切众生都有首楞严三昧，但由于不修行，所以不能得见，因而也就不能成就阿耨多罗三藐三菩提。

善男子！首楞严三昧有五种名称：一名首楞严三昧，二名般若波罗蜜，三名金刚三昧，四名师子吼三昧，五名佛性。随其作用的不同，有种种不同的名称。善男子！好像一种三昧有种种名称一样。如禅称为四禅，根名为定根，力名为定力，觉名为定觉，正名为正定，八大人觉名为定觉。首楞严定也是如此。

善男子！一切众生都圆满具足三定，即上定、中定、下定。上定即佛性，因此说一切众生都有佛性。中定谓一切众生圆满具足初禅，有因缘时就能修习，如果没有因缘就不能修习。这种因缘也有两种：一是破坏世界的火灾，二是破坏欲界的烦恼。因此说一切众生都具有中定。下定就是十大地中的心数定，因此说一切众生都具有下定。一切众生都有佛性，只是被烦恼所覆盖，所以不能得见。十住菩萨虽然看到了一乘法，但不知道如来是常住之法，因此说十住菩萨虽看到佛性但不很明了。

善男子！首楞严名为一切毕竟，严者名为坚固，一切毕竟而又非常坚固，就名为首楞严。因此说首楞严定（诸佛及十住菩萨所得的禅定）就名为佛性。

善男子！我往昔住于尼连禅河边，曾经告诉阿难说：我现在要洗澡，你替我取衣服及澡豆来。我既入水中，那时一切飞鸟、鱼类、走兽都来看我。这时又有五百梵志也来到河边，因而到我身边相互言说：你因何而得金刚之身？假如你瞿昙不说断见，我们将从中得到启发而接受斋法。

善男子！我当时以他心智观察，知道这些梵志的心意，于是告诉梵志说：你们为何想到我会说断见呢？

那些梵志说：世尊早先于种种经中说一切众生都没有"我"，既说无我，怎么能说不是断见呢？如果无我，那么持戒的人是谁？破戒的人又是谁？

佛回答说：我并不说一切众生都没有我，我只是常常说一切众生都有佛性。佛性，这难道不是我吗？因此，我并不说断见。一切众生看不到佛性，所以是无常、无乐、无我、无净，像这样才称为说断见。

当时各位梵志听说佛性就是"我"，就发阿耨多罗三藐三菩提心，接着又出家修菩提道。一切飞禽、鱼类、走兽也发无上菩提之心，发心以后，不久就得以舍身。

善男子！此佛性，实在并非我，但为了随顺众生，说名是我。

善男子！如来由于如此因缘，故把无我说成为我，而实际上是无我。虽然这样说，但也不是虚妄之说。善男子！有因缘，故把我说为无我，而实际上是有我。为了世界上众生的缘故，虽说无我，但也不是虚妄之说。佛性无我，如来说有我，因为是常住不变的，如来就将此我而说成是无我，因为已得大自在之故。

这时，师子吼大菩萨对佛说：世尊！如果一切众生都有佛性，犹如金刚力士那样，为什么一切众生都看不到？

佛回答说：善男子！譬如色法，虽有青、黄、赤、白等颜色的不同，又有长、短等形象的不同，但是盲人却看不见。盲人虽然看不见，但也不能说它没有青、黄、赤、白等颜色和长、短等不同形象的不同。为什么？因为盲人虽看不见，不盲之人却是可以看见的。佛性也是这样，一切众生虽然看不见，然而十住菩萨可以看到少部分，如来则全部可以看见。十住菩萨所看到的佛性，如夜中见色，如来所看到的佛性，则如白天所看到的色。

善男子！譬如瞎子见色不明了，有良医为之治疗，由于药力把眼睛治好了，对颜色能非常清楚地看到。十住菩萨也是如此，虽然看到佛性却不明了，但以首楞严三昧之力，就能十分清楚地见到佛性。

善男子！如果有人看到一切诸法是无常、无我、无乐、无净的，看到非一切法也是无常、无我、无乐、无净的话，这样的人则不能见到佛性。一切法名为生死，非一切法名为三宝。声闻、缘觉把一切法看成无常、无我、无乐、无净，把非一切法也看成无常、无我、无乐、无净，因此不见佛性。

十住菩萨把一切法看成无常、无我、无乐、无净，对非一切法有一部分看作常、乐、我、净，因此，十分之中得见一分。诸佛世尊见一切法都是无常、无我、无乐、无净，见非一切法是常、乐、我、净。因此，见到佛性如同看手掌中的庵摩罗果那样清楚。因为这样的道理，所以首楞严定名为毕竟。善男子！譬如月初的月亮，虽然看不见，但不能说没有。佛性也是如此，一切凡夫虽然不能看到，也不能说没有佛性。

善男子！佛性就是十力、四无所畏、大悲三念处。一切众生都有此三种，因为破除烦恼，然后得见。一阐提等，破除了一阐提，然后才能得十力、四无所畏、大悲三念处。因此，我常宣说一切众生都有佛性。

原典

善男子！十二因缘，一切众生等共有之，亦内亦外。何等十二？过去烦恼名为无明；过去业者则名为行；现在世中初始受胎是名为识；入胎五分，四根未具，名为名色；具足四根，未名触时，是名六入；未别苦乐是名为触；染习一爱是名为受；习近五欲是名为爱；内外贪求是名为取；为内外事起身、口、意业，是名为有；现在世识名未来生；现在名色、六入、触、受，名未来世老病死也。是名十二因缘。

善男子！一切众生虽有如是十二因缘，或有未具，如歌罗逻[①]时死则无十二，从生乃至老死得具十二。色界众生无三种受[②]、三种触[③]、三种爱[④]，无有老病，亦得名为具足十二。无色众生无色乃至无有老病，亦得名为具足十二。以定得故，故名众生平等具有十二因缘。善男子！佛性亦尔，一切众生定当得成阿耨多罗三藐三菩提故，是故我说一切众生悉有佛性。

善男子！雪山有草，名为忍辱，牛若食者，则出醍醐。更有异草，牛若食者，则无醍醐。虽无醍醐，不可说言雪山之中无忍辱草。佛性亦尔。雪山者名为如来，忍辱草者名大涅槃，异草者十二部经。众生若能听受谘启大般涅槃，则见佛性。十二部中虽不闻有，不可说言无佛性也。

善男子！佛性者，亦色、非色、非色非非色；亦相、非相、非相非非相；亦一、非一、非一非非一；非常、非断、非非常非非断；亦有亦无、非有非无；亦尽、非尽、非尽非非尽；亦因亦果、非因非果；亦义、非义、非义非非义；亦字、非字、非字非非字。

云何为色？金刚身故；云何非色？十八不共非色法故；云何非色非非色？色非色无定相故。云何为相？三十二相故；云何非相？一切众生相不现故；云何非相非非相？相非相不决定故。云何为一？一切众生悉一乘故；云何非一？说三乘故；云何非一非非一？无数法故。

云何非常？从缘见故；云何非断？离断见故；云何非非常非非断？无终始故。云何为有？一切众生悉皆有故；云何为无？从善方便而得见故；云何非有非无？虚空性故。云何名尽？得首楞严三昧故；云何非尽？以其常故；云何非尽非非尽？一切尽相断故。

云何为因？以了因故；云何为果？果决定故；云何非因非果？以其常故。云何为义？悉能摄取义无碍[5]故；云何非义？不可说故；云何非义非非义？毕竟空故。云何为字？有名称故；云何非字？名无名故；云何非字非非字？断一切字故。云何非苦非乐？断一切受故。

云何非我？未能具得八自在[6]故；云何非非我？以其

常故；云何非我非非我？不作不受故。云何为空？第一义空故；云何非空？以其常故；云何非空非非空？能为善法作种子故。

善男子！若有人能思维解了《大涅槃经》如是之义，当知是人则见佛性。佛性者，不可思议，乃是诸佛如来境界，非诸声闻、缘觉所知。善男子！佛性者，非阴、界、入，非本无今有，非已有还无，从善因缘，众生得见。譬如黑铁，入火则赤，出冷还黑。而是黑色，非内非外，因缘故有。佛性亦尔，一切众生烦恼火灭，则得闻见。

善男子！如种灭已，芽则得生，而是芽性非内非外，乃至华果亦复如是，从缘故有。善男子！是大涅槃微妙经典，成就具足无量功德。佛性亦尔，悉是无量无边功德之所成就。

尔时，师子吼菩萨摩诃萨言：世尊！菩萨具足成就几法，得见佛性而不明了？诸佛世尊成就几法，得了了见？

善男子！菩萨具足成就十法，虽见佛性而不明了。云何为十？一者少欲，二者知足，三者寂静，四者精进，五者正念，六者正定，七者正慧，八者解脱，九者赞叹解脱，十者以大涅槃教化众生。

师子吼菩萨言：世尊！少欲、知足有何差别？

善男子！少欲者，不求不取；知足者，得少之时心不悔恨。少欲者，少有所欲；知足者，但为法事心不愁恼。

善男子！欲者有三：一者恶欲，二者大欲，三者欲欲。恶欲者，若有比丘心生贪欲，欲为一切大众上首，令一切僧随逐我后，令诸四部悉皆供养、恭敬、赞叹、尊重于我，令我先为四众说法，皆令一切信受我语，亦令国王、大臣、长者皆恭敬我，令我大得衣服、饮食、卧具、医药、上妙屋宅。为生死欲，是名恶欲。

云何大欲？若有比丘生于欲心，云何当令四部之众悉皆知我得初住地乃至十住，得阿耨多罗三藐三菩提，得阿罗汉果乃至须陀洹果，我得四禅乃至四无阂智⑦。为于利养，是名大欲。欲欲者，若有比丘欲生梵天、魔天、自在天，转轮圣王，若刹利居士，若婆罗门，皆得自在。为利养故，是名欲欲。

若不为是三种恶欲之所害者，是名少欲。欲者名为二十五爱。无有如是二十五爱，是名少欲。不求未来所欲之事，是名少欲。得而不着，是名知足。不求恭敬，是名少欲。得不积聚，是名知足。

善男子！亦有少欲不名知足，有知足不名少欲。有亦少欲亦知足，有不知足不少欲。少欲者，谓须陀洹；知足者，谓辟支佛；少欲知足者，谓阿罗汉；不少欲不知足者，所谓菩萨。

善男子！少欲知足复有二种：一者善，二者不善。不善者，所谓凡夫；善者，圣人菩萨。一切圣人虽得道果，不自称说。不称说故，心不恼恨，是名知足。善男子！菩萨摩诃萨修习大乘《大涅槃经》，欲见佛性，是故修习少欲知足。

云何寂静？寂静有二：一者心静，二者身静。

身寂静者，终不造作身三种恶；心寂静者，亦不造作意三种恶，是则名为身心寂静。身寂静者，终不亲近四众，不预四众所有事业；心寂静者，终不修习贪欲、嗔恚、愚痴，是则名为身心寂静。或有比丘身虽寂静，心不寂静；有心寂静，身不寂静；有身心寂静，又有身心俱不寂静。

身寂静心不寂静者，或有比丘坐禅静处，远离四众，心常积习贪欲、嗔、痴，是名身寂静心不寂静。

心寂静身不寂静者，或有比丘亲近四众、国王、大臣，断贪、恚、痴[8]，是名心寂静身不寂静。

身心寂静者，谓佛、菩萨。身心不寂静者，谓诸凡夫。何以故？凡夫之人，身心虽静，不能深观无常、无乐、无我、无净。以是义故，凡夫之人不能寂静身、口、意业。一阐提辈，犯四重禁，作五逆罪，如是之人亦不得名身心寂静。

注释

①**歌罗逻：**谓初宿胎内之位。

②**三种受：**谓苦受、乐受、不苦不乐受（亦称舍受）。

③**三种触：**谓根触、境触、识触。

④**三种爱：**谓境界爱、自体爱、当生爱。

⑤**义无碍：**义无碍解，四无碍解之一。谓了知教法之义理，通达无碍。

⑥**八自在：**亦称八大自在。即一、能示一身为多身，二、以一尘身满大千界，三、大身轻举远到，四、现无量类常居一土，五、诸根互用，六、得一切法如无法想，七、说一偈义经无量劫，八、身遍诸处犹如虚空。

⑦**四无阂智：**“四无碍智”，前已有解。

⑧**贪、恚、痴：**贪、嗔、痴三毒。

译文

善男子！十二因缘，乃一切众生等共同都有的，有内在的也有外在的。

哪十二因缘？谓过去烦恼名之为无明；过去的业名之为行；现在世中一开始受胎名之为识；入胎五分，但眼、耳、鼻、舌四根尚未俱全，名之为名色；四根已俱全，但尚未名之为触时，此名为六入；尚未能区别什么是苦、什么是乐时，此名为触；染习一爱着，此名为受；习近五欲名之为爱；内外贪求，此名为取；为内外之事而起身、口、意三业，此名为有；现在世的识，名为未来之生；现在的名色、六入、触、受，名为未来世之老病死。这些就名为十二因缘。

善男子！一切众生虽有如此十二因缘，或者虽有但尚未完全具备，如初住胎时的歌罗逻时即死亡，就没有十二因缘。一定要从生直至老死，才能完全具备十二因缘。色界众生没有苦、乐、不苦不乐三种受，没有根、境、识三种触，没有境界、自体、当生三种爱，也没有老病，也可以名之为具足十二因缘。无色界众生没有色乃至没有老病，也可以名之为具足十二因缘。因为一定能得到，所以称为众生平等具有十二因缘。善男子！佛性也是这样，因为一切众生一定将成就阿耨多罗三藐三菩提，因此我说一切众生悉有佛性。

善男子！雪山有一种草，名叫忍辱，牛如果吃了，就生出醍醐。另外有一种异草，牛如果吃了，就不能生出醍醐。虽然不出醍醐，但不可以说雪山之中就没有忍辱草。佛性也是这样。雪山就名为如来，忍辱草名为大涅槃，异草名为十二部经。众生如果能够听受大般涅槃，咨询大般涅槃，就能见到佛性。十二部经中虽然没有听说有佛性，但也不可以说没有佛性。

善男子！佛性，是色，也是非色，又是非色非非色；是相，也是非相，又是非相非非相；是一，也是非一，又是非一非非一；非常，也非断，又是非非常非非断；是有，也是无，又是非有非无；是尽，也是非尽，又是非尽非非尽；是因，也是果，又是非因非果；是义，也是非义，又是非义非非义；是字，也是非字，又是非字非非字。

为何称为色？因为是金刚身；为何称为非色？因为十八不共法不是色法；为何称为非色非非色？因为是色法不是色法没有一定之相。为何称为相？因为佛有三十二相；为何称为非相？因为一切众生相不显现；为何称为非相非非相？因为是相非相不一定。为何称为一？因为一切众生都具有一乘法；为何称为非一，因为说有三乘；为何称为非一非非一？因为有无数的法。

为何称为非常？因为从缘而得见；为何称为非断？因为远离断见；为何称为非非常非非断？因为没有终始。为何称为有？因为一切众生都有；为何称之为无？因为须从善巧的方法中才可以得见；为何称为非有非无？因为是以虚空为其本性。为何称为尽？因为得了首楞严三昧；为何称为非尽？因为其常住不动；为何称为非尽非非尽？因为一切尽相均已断灭。

为何称为因？因为能了别事物生起的原因；为何称为果？因为果报是决定的；为何称为非因非果？因为它常住不变。为何称为义？因为都能摄取佛教义理、通达无碍；为何称为非义？因为不可以言说；为何称为非义非非义？因为是毕竟空。为何称为字？因为有名称；为何称为非字？因为它的名称就叫作“无名”；为何称为非字非非字？因为断灭了一切字。为何称为非苦非乐？因为断灭了一切受。

为何称为非我？因为未能具得八大自在；为何称为非非我？因为它常住不变；为何称为非我非非我？因为它不作不受。为何称为空？因为是第一义空；为何称为非空？因为它常住不变；为何称为非空非非空？因为它能为善法做种子。

善男子！如果有人能够这样来理解《大涅槃经》的含义，当知此人就能见到佛性。佛性，不可思议，乃是一切诸佛如来的境界，不是一切声闻、缘觉所能了解的。善男子！佛性，不是五蕴、十八界、十二处，也不是本无今有，也不是已有还无，是从善因缘而来，众生就能够得见。譬如黑铁，放入火中则成红色，拿出来冷却后仍是黑色。而此黑色，非内非外，是依因缘故有。佛性也是如此，一切众生的烦恼火熄灭了，就能够闻见。

善男子！如种子消灭了，芽就能生出来，而此芽的本性非内非外，乃至花果也是如此，从因缘而有。善男子！此大涅槃是微妙经典，能成就圆满的无量功德。佛性也是如此，全部是无量无边的功德所成就的。

这时候，师子吼大菩萨又对佛说：世尊！菩萨成就了多少法，能看见佛性，但还不明了其含义？而诸佛世尊成就了多少法，才能对佛性完全明了？

佛回答说：善男子！菩萨全部成就了十法，虽见佛性但不明了其含义。哪十种法？一是少欲，二是知足，三是寂静，四是精进，五是正念，六是正定，七是正慧，八是解脱，九是赞叹解脱，十是以大涅槃教化众生。

师子吼菩萨说：世尊！少欲和知足有什么区别？

佛说：善男子！少欲，就是不求不取；知足，就是得到很少的时候心不悔恨。少欲，就是少有所欲；知足，就是一切都只为了法事而心不愁恼。

善男子！欲望有三种：一是恶欲，二是大欲，三是欲欲。恶欲，就是如有比丘心生贪欲，想成为一切大众的上首，使一切僧人随逐于我之后，令一切四部之众都来供养、恭敬、赞叹、尊重我，令我先为四部之众说法，令一切都信受我所说的法，也令国王、大臣、长者都来恭敬我，使我得到衣服、饮食、卧具、医药和上妙住宅。此为生死欲，就名为恶欲。

什么叫大欲？就是如果有比丘生起贪欲之心，无论怎样也要使四部之众全都知道我得初住地乃至十地，得阿耨多罗三藐三菩提，得阿罗汉果乃至须陀洹果，并得四禅乃至四无碍智。都为了名利供养，此名为大欲。欲欲，就是如果有比丘想要生于梵天、魔天、自在天，当转轮圣王，做刹帝利居士，做婆罗门，皆能进退无碍，自由自在。这都是为了名利供养，因此名为欲欲。

如果不是为以上三种恶欲所害，就名为少欲。欲，又名二十五爱。没有这二十五爱，此名为少欲。不追求未来的贪欲之事，此名为少欲。得到了事物，但不贪着，此名为知足。不求他人对自己恭敬，此名少欲。得到了财物，不积聚起来，此名为知足。

善男子！也有少欲但不名知足的，或有知足而不名少欲的。也有既少欲又知足的，或不知足不少欲的。少欲之人是须陀洹，知足之人是辟支佛，少欲知足之人是阿罗汉，不少欲不知足之人就是菩萨。

善男子！少欲知足又有二种：一是善，二是不善。不善之人是凡夫，善人即圣人和菩萨。一切圣人虽得道果，但不自己称说。因为不称说，所以心不生恼恨，此即名为知足。善男子！大菩萨修习大乘佛教的《大涅槃经》，为欲见佛性，因而修习少欲知足。

什么叫寂静？寂静有二种：一是心静，二是身静。

身寂静就是永不造作身体的三种恶，心寂静就是不造意识上的三种恶，这就名为身心寂静。身寂静，就是永不亲近四众，也不干预四众的所有事业；心寂静，就是永不修习贪欲、嗔恚、愚痴，这就名为身心寂静。或有比丘，身体虽寂静，但心不寂静；有的心虽寂静，但身不寂静；也有身心都寂静，或者身心都不寂静的。

所谓身寂静心不寂静，就是有的比丘坐于禅静处，远离四众，但心中仍常积聚有贪、嗔、痴等欲，此即名为身寂静心不寂静。

所谓心寂静身不寂静，就是有的比丘亲近四众、国王、大臣，但已断贪、嗔、痴等欲，此即名为心寂静身不寂静。

所谓身心都寂静，就是佛、菩萨。所谓身心都不寂静，就是一切凡夫。为什么？因为凡夫之人，身心虽静，但不能深观无常、无乐、无我、无净。因此，凡夫之人不能寂静身、口、意三业。一阐提等，以及犯四重禁，造作五逆罪，像这样的人也不得称之为身心寂静。

6 迦叶菩萨品第十二之一

原典

迦叶菩萨白佛言：世尊！如来怜愍一切众生，不调能调[①]，不净能净，无归依者能作归依，未解脱者能令解脱，得八自在，为大医师[②]，作大药王[③]。

善星[④]比丘是佛菩萨时子，出家之后，受持、读诵、分别、解说十二部经，坏欲界结，获得四禅。云何如来记说善星是一阐提厮下之人[⑤]，地狱劫住不可治人？如来何故不先为其演说正法，后为菩萨？如来世尊若不能救善星比丘，云何得名有大慈愍，有大方便[⑥]？

佛言：善男子！譬如父母唯有三子，其一子者有信顺心，恭敬父母，利根智慧，于世间事能速了知。其第二子不敬父母，无信顺心，利根智慧，于世间事能速了知。其第三子不敬父母，无信顺心，钝根无智。父母若欲教告之时，应先教谁？先亲爱谁？当先教谁知世间事？

迦叶菩萨白佛言：世尊！应先教授有信顺心，恭敬父母，利根智慧，知世事者。其次第二，乃及第三。而彼二子，虽无信心、恭敬之心，为愍念故，次复教之。

善男子！如来亦尔。其三子者，初喻菩萨，中喻声闻，后喻一阐提。如十二部经修多罗中微细之义，我先已为诸菩萨说；浅近之义，为声闻说；世间之义，为一阐提五逆罪[⑦]说。现在世中，虽无利益，以怜愍故，为生后世诸善种子。

善男子！如三种田：一者渠流便易，无诸沙卤[⑧]、瓦石、棘刺，种一得百。二者虽无沙卤、瓦石、棘刺，渠流险难，收实减半。三者渠流险难，多诸沙卤、瓦石、棘刺，种一得一，为槁草故。善男子！农夫春月先种何田？

世尊！先种初田，次第二田，后及第三。初喻菩萨，次喻声闻，后喻一阐提。

善男子！譬如三器，一者完，二者漏，三者破。若欲盛置乳酪水苏，先用何者？

世尊！应用完者，次用漏者，后及破者。其完净者喻菩萨僧，漏喻声闻，破喻一阐提。

善男子！如三病人俱至医所，一者易治，二者难治，三者不可治。善男子！医若治者，当先治谁？

世尊！应先治易，次及第二，后及第三。何以故？为亲属故。其易治者，喻菩萨僧，其难治者，喻声闻僧，不可治者，喻一阐提。现在世中虽无善果，以怜愍故，为种后世诸善子[9]故。

善男子！譬如大王有三种马，一者调壮大力，二者不调齿长大力，三者不调羸老无力。王若乘者，当先乘谁？

世尊！应当先乘调壮大力，次用第二，后用第三。善男子！调壮大力喻菩萨僧，其第二者喻声闻僧，其第三者喻一阐提。现在世中虽无利益，以怜愍故，为种后世诸善种子。

善男子！如大施时有三人来，一者贵族，聪明持戒。二者中姓，钝根持戒。三者下姓，钝根毁戒。善男子！是大施主应先施谁？

世尊！应先施于贵族之子利根持戒，次及第二，后及第三。其第一者喻菩萨僧，其第二者喻声闻僧，其第三者喻一阐提。

善男子！如大师子杀香象时，皆尽其力，杀兔亦尔，不生轻想。诸佛如来亦复如是，为诸菩萨及一阐提演说法时，功用无二。

善男子！我于一时住王舍城[10]，善星比丘为我给使，我于初夜为天帝释演说法要，弟子法应后师眠卧。尔时善星以我久坐，心生恶念。时王舍城小男小女若啼不止，父母则语：汝若不止，当将汝付薄拘罗鬼[11]。尔时善星反被拘执而语我言：速入禅室，薄拘罗来。我言：痴人！汝常不闻如来世尊无所畏耶？尔时帝释即语我言：世尊！如是人等亦复得入佛法中耶？我即语言：憍尸迦[12]，如是人者，得入佛法，亦有佛性，当得阿耨多罗三藐三菩提。我虽为是善星说法，而彼都无信受之心。

善男子！我于一时在迦尸国尸婆富罗城[13]，善星比丘为我给使。我时欲入彼城乞食，无量众生虚心渴仰，欲见我迹。善星比丘寻随我后而毁灭之，既不能灭，而令众生生不善心。我入城已，于酒家舍，见一尼乾[14]，蜷脊蹲地，餐食酒糟。善星比丘见已而言：世尊！世间若有阿罗汉者，是人最胜。何以故？是人所说，无因无果。

我言：痴人！汝常不闻阿罗汉者，不饮酒、不害人、不欺诳、不偷盗、不淫泆？是人杀害父母，食啖酒糟，云何而言是阿罗汉？是人舍身必定当堕阿鼻地狱[15]。阿罗汉者，永断三恶[16]，云何而言是阿罗汉？善星即言：四大之性[17]犹可转移，欲令是人必堕阿鼻地狱，无有是处。我言：痴人！汝常不闻诸佛如来诚言无二？我虽为是善星说法，而彼绝无信受之心。

善男子！我于一时与善星比丘住王舍城，尔时城中有一尼乾名曰苦得[18]，常作是言：众生烦恼，无因无缘，众生解脱，亦无因缘。善星比丘复作是言：世尊！世间若有阿罗汉者，苦得为上。我言：痴人！苦得尼乾实非罗汉，不能解了阿罗汉道。善星复言：何因缘故，阿罗汉人于阿罗汉而生嫉妒？我言：痴人，我于罗汉不生嫉妒，而汝自生恶邪见耳！若言苦得是罗汉者，却后七日当患宿食腹痛而死。死已生于食吐鬼[19]中，其同学辈当舁其尸，置寒林[20]中。

尔时，善星即往苦得尼乾子所语言：长老！汝今知不？沙门瞿昙记汝，七日当患宿食腹痛而死，死已生于食吐鬼中，同学同师当舁汝尸置寒林中。长老！好善思维，作诸方便，当令瞿昙堕妄语中。尔时苦得闻是语已，即便断食，从初一日乃至六日，满七日已便食黑蜜，食黑蜜已复饮冷水，饮冷水已腹痛而终，终已同学舁其尸丧置寒林中，即受食吐饿鬼之形在其尸边。

善星比丘闻是事已，至寒林中见苦得身，受食吐形在其尸边，蜷脊蹲地。

善星语言：大德死耶？苦得答言：我已死矣。云何死耶？答言：因腹痛死。谁出汝尸？答言：同学。出置何处？答言：痴人！汝今不识是寒林耶？得何等身？答言：我得食吐鬼身。

善星！谛听，如来善语、真语、时语、义语、法语。善星！如来口出如是实语，汝于尔时云何不信？若有众生不信如来真实语者，彼亦当受如我此身。

尔时，善星即还我所，作如是言：世尊！苦得尼乾命终之后，生三十三天。我言：痴人！阿罗汉者，无有生处，云何而言苦得生于三十三天？世尊！实如所言，苦得尼乾实不生于三十三天，今受食吐饿鬼之身。我言：痴人！诸佛如来诚言无二。若言如来有二言者，无有是处。善星即言：如来尔时虽作是说，我于是事都不生信。

善男子！我亦常为善星比丘说真实法，而彼绝无信受之心。

注释

①**不调能调**：“调”谓“调伏”，即调和身、口、意三业而制伏诸恶行。此句意谓不调伏的能使之调伏。

②**大医师**：亦称“大医王”，譬喻佛、菩萨善疗众病。

③**大药王**：与“大医王”含义相同。譬喻佛、菩萨善于用药治疗众病。

④**善星**：音译须那刹多罗。系释迦牟尼佛为太子时所生之子。出家后，断欲界烦恼，得第四禅定。后因亲

近恶友，退失所得之解脱，认为无涅槃法，起否定因果之邪见，并对佛陀起恶心，故以生身堕入无间地狱，被称为一阐提（不能成佛之人）厮下之人。

⑤**一阐提厮下之人：**“一阐提”，亦称“一阐提迦”。意谓无成佛之性、不信佛法之人。此人不信因果，没有惭愧之心，不信因果业报，不见现在、未来世，不善亲友，不随诸佛所说教诫，为诸佛世尊所不能治。“厮下之人”，意谓地位极为低下，为人服杂役的人。

⑥**大方便：**善巧之教化方法谓之“方便”。佛、菩萨有广大之善巧教化方法，称“大方便”。

⑦**五逆罪：**五种极逆于理的罪恶，即杀父、杀母、杀阿罗汉、出佛身血、破和合僧。

⑧**沙塱：**“沙卤”，意为沙砾盐碱之地。

⑨**诸善子：**一切诸善的种子。

⑩**王舍城：**古印度摩揭陀国都城，频婆娑罗王曾在此建都。在今印度比哈尔邦巴特那附近。为古印度佛教毗地，释迦牟尼佛生前经常在此弘法和居住。释迦牟尼佛入灭后，弟子们曾在此举行第一次结集。

⑪**薄拘罗鬼：**“薄拘罗”，为佛弟子之一。幼时继母五度杀害他未成，出家后毕生无病苦。此处则指一魔鬼名薄拘罗，古印度人用以恐吓小孩者。

⑫**憍尸迦：**为帝释之姓。

⑬**迦尸国尸婆富罗城：**“迦尸国”，为古印度十六大国之一，位于憍萨罗国之北。“尸婆富罗城”，为迦尸国都城。释迦牟尼常于此说法。

⑭**尼乾：**亦作尼犍、尼乾子、尼犍陀若提子等。与释迦牟尼同时代的反婆罗门正统思想的六派代表人物之一。认为人若造业必定得报，今虽修道，亦不能中断。被认为是耆那教始祖。

⑮**阿鼻地狱：**八大地狱之一。又名无间地狱，即是受苦无间断的地狱。为造极重罪的人死后所堕落之处。

⑯**三恶：**三恶道：地狱道、畜生道、饿鬼道。

⑰**四大之性：**地、水、火、风之性坚、湿、暖、动。

⑱**苦得：**六师外道之一的尼乾子一派中人的名字。

⑲**食吐鬼：**饿鬼名。是鬼食已即吐，故名。

⑳**寒林：**亦称尸陀林等。为林葬之处。其林幽邃而寒，入之者亦畏而寒栗，故名。在古印度王舍城之侧，死者尸体多送其中，总称为弃尸之处。

译文

迦叶菩萨对佛说：世尊！如来怜悯一切众生，不调伏的能使之调伏，不清净的能使之清净，没有皈依的能给他们皈依，没有得到解脱的能使之解脱，得八大自在，成为大医师，做大药王。

善星比丘是佛为菩萨时的儿子，出家之后，曾受持、读诵、分别、解说十二部经，已破坏欲界的烦恼，而获得第四禅。为什么如来记别说善星是一阐提、地位极低下之人，是住于地狱经一劫而不可治之人？如来为什么不先为他演说正法，然后使之成为菩萨？如来世尊如果不能挽救善星比丘，怎么能得名为大慈悯，有大方便法？

佛说：善男子！譬如父母只有三个儿子，第一个儿子有信顺心，能恭敬父母，利根有智慧，对于世间之事能迅速了知。第二个儿子，不孝敬父母，没有信顺之心，但利根有智慧，对于世间之事能迅速了知。第三个儿子不孝敬父母，没有信顺之心，钝根没有智慧。如果父母要教育、告诫儿子时，究竟应该先教导谁？先亲爱谁？应该先教谁知道世间之事？

迦叶菩萨对佛说：世尊！应该先教授有信顺之心，恭敬父母，利根有智慧，知道世间之事的人。其次教授第二个儿子，乃及第三个儿子。而这二个儿子，虽然没有信顺、恭敬之心，但为了怜悯他们，还是依次教授之。

善男子！如来也是这样。这三个儿子，大儿子比喻菩萨，第二个儿子比喻声闻，第三个儿子比喻一阐提。如十二部经修多罗中微细之义理，我早先已为诸菩萨所说；其中浅近之义理，是为声闻所说；其中世间之义理，是为一阐提犯五逆罪者所说。现在世中，虽然这样做并无利益，但以怜悯之心，能为之生起后世诸善的种子。

善男子！这好比有三种田：第一种田渠流畅通，没有沙砾、瓦石、棘刺等，种一能得一百。第二种田虽然没有沙砾、瓦石、棘刺等，渠流则不畅通，收获减半。第三种田渠流不畅通，有许多沙砾、瓦石、棘刺，种一只能得一，都是枯槁的草。善男子！农夫在春月里应该先种哪一种田？

迦叶菩萨说：世尊！应该先种第一种田，其次是第二种田，最后才是第三种田。第一种田比喻菩萨，第二种田比喻声闻，最后比喻一阐提。

佛说：善男子！譬如有三个盛酒器，一个是完整清净的，第二个是漏的，第三个是破的。如果要盛放乳酪等，应该先用哪一个呢？

迦叶菩萨说：世尊！应该先用完整清净的，其次用漏的，最后用破的。其完整清净的比喻菩萨，漏的比喻声闻，破的比喻一阐提。

佛说：善男子！譬如有三个病人都到医院，第一个病人容易治，第二个难治，第三个已不可治。善男子！医生如果要为他们医治，应该先医治谁呢？

迦叶菩萨说：世尊！应该先医治容易治疗的，其次才是第二个，最后是第三个。为什么？这是为了他们的亲属。其中容易治疗的比喻菩萨，难治的比喻声闻，不可治疗的比喻一阐提。现在世中虽然没有善果，但以怜悯之心，为的是种下后世一切诸善的种子。

佛说：善男子！譬如大王有三种马，第一种马驯服而强壮有力，第二种马不驯服但年壮力强，第三种马既不驯服又老弱无力。大王如果要乘骑，应该先乘哪一种马呢？

迦叶菩萨说：世尊！应该先乘驯服而又强壮有力的，其次乘第二种，最后乘第三种。善男子！那驯服而强壮有力的比喻菩萨，第二种比喻声闻，第三种比喻一阐提。这样做，现在世中虽然没有利益，但以怜悯之心，为的是种下后世一切诸善的种子。

佛说：善男子！如大施主在布施时有三人来，第一人是贵族，聪明又能持戒。第二人是中等种姓，钝根但能持戒。第三人是下等种姓，既是钝根又毁戒。善男子！这大施主应该先布施谁呢？

迦叶菩萨说：世尊！应该先布施给贵族种姓之子利根又能持戒之人，其次是第二人，最后才是第三人。其中第一人比喻菩萨，第二人比喻声闻，第三人比喻一阐提。

佛说：善男子！犹如大狮子杀香象时，要尽其全力那样，杀兔子也是这样，不能生轻视之想。诸佛如来也是如此，为诸菩萨及一阐提说法时，功用都是一样无二。

佛说：善男子！我曾于某时住在王舍城，善星比丘为我的侍者，我于初夜为帝释天演说法要，按照规定弟子应该晚于其师睡眠。这时善星因为我久坐不眠，就心生恶念。当时王舍城的小孩子如果啼哭不止，其父母就会用言语恐吓说：你如再啼哭不止，当将你交给薄拘罗鬼。这时善星比丘也对我说：速入禅堂，否则薄拘罗鬼要来了。我说：痴人！你难道没有听说如来世尊是无所畏惧的吗？这时候，帝释天即对我说：世尊！像这样的人也还能进入佛法中吗？我即告诉他说：憍尸迦！像这样的人，也能够进入佛法，也有佛性，当得阿耨多罗三藐三菩提。我虽为此善星说法，而他都没有信受之心。

善男子！我从前曾在迦尸国尸婆富罗城，善星比丘为我的侍者。我当时要入城乞食，无数的众生都虚心渴仰我，想要见我。善星比丘跟随在我的后面想将我的行迹毁灭，毁灭不了，就唆使众生生不善之心。我入城后，在一处酒家，见有一位外道尼乾子，蜷起背脊蹲在地上食用酒糟。善星比丘见后就说：世尊！人世间如果有阿罗汉的话，这个人是最好的了。为什么？此人所说，无因无果。

我说：痴人！你难道没有听说，阿罗汉是不饮酒，不害人，不欺骗人，不偷盗，不淫欲的吗？此人杀害父母，食用酒糟，怎么能说他是阿罗汉呢？此人死后，必定将堕入阿鼻地狱。所谓阿罗汉，是永断三恶，怎么能说此人是阿罗汉？善星就说：地、水、火、风四大之性尚可转移，说此人必堕阿鼻地狱是没有道理的。我说：痴人！你难道没有听说诸佛如来所说的话是诚实不二的吗？我虽然为这善星说法，而他绝无信受之心。

善男子！我于某时和善星比丘住在王舍城，那时城中有一位尼乾子外道名叫苦得，他常常这样说：众生烦恼，无因也无缘；众生解脱，也是无因无缘。善星比丘也说：世尊！人世间如果有阿罗汉的话，这位苦得是最上乘的阿罗汉。我说：痴人！苦得尼乾子实在不是阿罗汉，他不能了解阿罗汉道。善星又说：什么原因，阿罗汉人对于其他阿罗汉还会生嫉妒之心？我说：痴人！我对阿罗汉不会生嫉妒之心，而是你自己生起了恶见、邪见！如果说苦得是罗汉，那么他在以后的七天里，将患积食之病，最后腹痛而死。死后要生于食吐鬼中，其同学辈将背着他的尸体放到寒林之中。

这时，善星比丘就到苦得尼乾子的住处对他说：长老！你现在知道否？沙门瞿昙做记预言，你在七日后将患积食病腹痛而死，死后生于食吐鬼中，你的同学将背着你的尸体放到寒林之中。长老！你要好好考虑考虑，想出一个好方法来，使得瞿昙堕入妄语之中。这时苦得听了此话以后，就断食不吃，从初一日起一直到第六日，满七天后，就吃一种黑蜜，吃了黑蜜后又饮冷水，饮了冷水后即腹痛而死，死后其同学就背着他的尸体放到寒林之中，并现食吐饿鬼之形在其尸体旁边。

善星比丘听到此事以后，就到寒林中，见苦得的身体受食吐鬼形状在其尸体边，蜷缩背脊，蹲在地上。

善星问他：大德你死了吗？苦得回答说：我已经死了。又问：怎么死的？回答说：因腹痛而死。又问：谁将你的尸体背出来的？回答说：是同学。又问：背出来放在什么地方？回答说：痴人！你不认识这就是寒林吗？又问：你转生什么样的身？回答说：我得食吐鬼身。

于是苦得对善星说：善星！你好好地听着，如来所说的是良善的语言、真实的语言、适时的语言、义理的语言、佛法的语言。善星！如来说出这样的真实语，你在当时怎么不相信？如果有众生不相信如来的真实语，那么他也将受到像我一样的身。

这时，善星就回到我的住所，对我这样说：世尊！苦得尼乾子命终之后，将生三十三天。我说：痴人！阿罗汉是无有生处的，怎么能说苦得生于三十三天呢？善星说：世尊！诚如所言，苦得尼乾子实际上不生于三十三天，现在已受食吐饿鬼之身。我对善星说：痴人！诸佛如来所说是诚实不二的。如果说如来还有二话可说，这是没有道理的。善星即说：如来这时虽然这样说，我也都不相信。

佛说：善男子！我也常为善星比丘说真实法，但他绝无信受之心。

原典

善男子！善星比丘虽复读诵十二部经，获得四禅，乃至不解一偈、一句、一字之义，亲近恶友，退失四禅。失四禅已，生恶邪见，作如是说：无佛无法，无有涅槃，沙门瞿昙善知相法，是故能得知他人心。我于尔时告善星言：我所说法，初、中、后善[①]，其言巧妙，字义真正，所说无杂，具足成就清净梵行。善星比丘复作是言：如来虽复为我说法，而我真实谓无因果。

善男子！汝若不信如是事者，善星比丘今者近在尼连禅河[②]，可共往问。尔时如来即与迦叶往善星所。善星比丘遥见如来，见已即生恶邪之心。以恶心故，生身陷入堕阿鼻狱[③]。

善男子！善星比丘虽入佛法，无量宝聚，空无所获，乃至不得一法之利。以放逸[④]故，恶知识[⑤]故。譬如有人虽入大海，多见众宝，而无所得，以放逸故。又如入海虽见众宝，自戮而死，或为罗刹恶鬼[⑥]所杀。善星比丘亦复如是，入佛法已，为恶知识、罗刹大鬼[⑦]之所杀害。

善男子！是故如来以怜愍故，常说善星多诸放逸。善男子！若本贫穷，于是人所虽生怜愍，其心则薄。若本巨富，后失财物，于是人所生于怜愍，其心则厚。善星比丘亦复如是，受持、读诵十二部经，获得四禅，然后退失，甚可怜愍。是故我说善星比丘多诸放逸。多放逸故，断诸善根。我诸弟子有见闻者，于是人所无不生于重怜愍心，如初巨富，后失财者。我于多年常与善星共相随逐，而彼自生恶邪之心。以恶邪故，不舍恶见[⑧]。

善男子！我从昔来见是善星有少善根，如毛发许，终不记彼断绝善根[⑨]，是一阐提厮下之人，地狱劫住[⑩]。以其宣说无因无果，无有作业，尔乃记彼永断善根，是一阐提厮下之人，地狱劫住。

善男子！譬如有人没圊厕中，有善知识以手挠之，若得首发，便欲拔出，久求不得，尔乃息意。我亦如是，求觅善星微少善根，便欲拔济，终日求之，乃至不得，如毛发许，是故不得拔其地狱。

迦叶菩萨言：世尊！如来何故记彼当堕阿鼻地狱？

善男子！善星比丘多有眷属，皆谓善星是阿罗汉，是得道果。我欲坏彼恶邪心故，记彼善星以放逸故堕于地狱。善男子！汝今当知，如来所说真实无二。何以故？若佛所记当堕地狱，若不堕者，无有是处。声闻、缘觉所记别者，则有二种，或虚或实。如目犍连在摩伽陀国[11]遍告诸人，却后七日天当降雨，时竟不雨；复记牸牛当生白犊，及其产时乃产驳犊；记生男者，后乃产女。

善男子！善星比丘常为无量诸众生等，宣说一切无善恶果，尔时永断一切善根，乃至无有如毛发许。善男子！我久知是善星比丘当断善根，犹故共住满二十年，畜养共行。我若远弃，不近左右，是人当教无量众生造作恶业[12]。是名如来第五解力[13]。

世尊！一阐提辈，以何因缘无有善法？

善男子！一阐提辈，断善根故。众生悉有信等五根[14]，而一阐提辈永断灭故。以是义故，杀害蚁子，犹得杀罪，杀一阐提，无有杀罪。

世尊！一阐提者，终无善法，是故名为一阐提耶？

佛言：如是如是。

世尊！一切众生有三种善，所谓过去、未来、现在。一阐提辈亦不能断未来善法，云何说言断诸善法名一阐提耶？

善男子！断有二种，一者现在灭，二者现在障于未来[15]。一阐提辈具足二断，是故我言断诸善根。善男子！

譬如有人没圊厕中，唯有一发毛头未没。虽复一发毛头未没，而一毛头不能胜身。一阐提辈亦复如是，虽未来世当有善根，而不能救地狱之苦。未来之世虽可救拔，现在之世无如之何，是故名为不可救济。以佛性因缘则可得救。佛性者，非过去、非未来、非现在，是故佛性不可得断。如朽败子不能生芽，一阐提辈亦复如是。

世尊！一阐提辈不断佛性，佛性亦善，云何说言断一切善？

善男子！若诸众生现在世中有佛性者，则不得名一阐提也。如世间中众生我性，佛性是常，三世不摄。三世若摄，名为无常。佛性未来以当见故，故言众生悉有佛性。以是义故，十住菩萨具足庄严乃得少见。

迦叶菩萨言：世尊！佛性者常，犹如虚空，何故如来说言未来？如来若言一阐提辈无善法者，一阐提辈于其同学、同师、父母、亲族、妻子，岂当不生爱念心耶？如其生者，非是善乎？

佛言：善哉！善哉！善男子！快发斯问。佛性者，犹如虚空，非过去、非未来、非现在。一切众生有三种身，所谓过去、未来、现在。众生未来具足庄严清净之身，得见佛性，是故我言佛性未来。善男子！我为众生或时说因为果，或时说果为因，是故经中说命为食，见色为触，未来身净，故说佛性。

世尊！如佛所说义如是者，何故说言一切众生悉有佛性？

善男子！众生佛性虽现在无，不可言无，如虚空性，虽无现在，不得言无。一切众生虽复无常，而是佛性常住无变。是故我于此经中说，众生佛性，非内非外，犹如虚空非内非外。如其虚空有内外者，虚空不名为一为常，亦不得言一切处有。虚空虽复非内非外，而诸众生悉皆有之。众生佛性，亦复如是。如汝所言一阐提辈有善法者，是义不然。

何以故？一阐提辈若有身业、口业、意业、取业、求业、施业、解业，如是等业悉是邪业。何以故？不求因果故。善男子！如呵梨勒果，根、茎、枝、叶、华、实悉苦。一阐提业，亦复如是。

注释

①**初、中、后善**：意谓开始、中间和最后，佛所说法都是完美无缺的。

②**尼连禅河**：河名。释迦将成道时，先浴于此河，后坐于菩提树下。

③**阿鼻狱**：“阿鼻地狱”，前已有解。

④**放逸**：谓远离善方便，不守规矩。五位百法中

二十随烦恼之一。

⑤**恶知识：**亦称“恶师友”，意谓众所周知的恶人。

⑥**罗刹恶鬼：**恶鬼的总称。男的叫罗叉娑，女的叫罗叉私。或飞空，或地行，喜欢食人的血肉。

⑦**罗刹大鬼：**罗刹恶鬼。

⑧**恶见：**恶劣的见解。有我见、边见、邪见、见取见、戒禁取见五种。

⑨**善根：**善良的根性。身、口、意三业之善，固不可拔，善又能生妙果，生余善，故谓之善根。

⑩**地狱劫住：**意谓有通常年、月、日不能计算的时间，即一劫长住于地狱之中。

⑪**摩伽陀国：**摩揭陀国。古印度国名，王舍城所在地。

⑫**恶业：**背于事理的恶劣的行为，或作业。

⑬**第五解力：**第五种解脱之力。

⑭**信等五根：**信根、精进根、念根、定根、慧根。

⑮**现在障于未来：**意谓现在世就障碍未来世生起善根。

译文

善男子！善星比丘虽也读诵十二部经，获得四禅，可是不理解一偈、一句、一字的含义，又亲近恶友，终于退失四禅。退失四禅以后，就生起恶见、邪见，并这样说：无佛无法，无有涅槃，沙门瞿昙不过是善知看相之法，因而能得知他人之心。我在当时曾告诉善星说：我所说之法，开始、中间和最后都是善美的，其言巧妙，字义纯正，毫无杂乱，完满地成就清净梵行。善星比丘又说：如来虽又为我说法，但我真实地认为是没有因果的。

佛说：善男子！你们如果不相信这样的事的话，善星比丘现在就在附近的尼连禅河，我们可以一起前往询问。这时，如来就和迦叶同往善星住所。善星比丘远远望见如来，见后就生邪恶之心。由于邪恶之心，生身就陷入阿鼻地狱。

佛说：善男子！善星比丘虽进入佛法，却于无量宝藏一无所获，甚至不得一法之利。这是因为放逸不守规矩，亲近恶知识所致。譬如有人虽入大海，看见了许多宝贝，而一无所得，因为放逸不守规矩。又如有人入海，虽然看见许多宝贝，却自戮而死，或者被罗刹恶鬼所杀。善星比丘也是这样，进入佛法之后，被恶知识、罗刹恶鬼等所杀害。

善男子！因而如来生怜悯之心，常说善星有许多放逸之处。善男子！如果有人本来贫穷，对于此人虽生怜悯之心，但其心还是薄的。如果有人本来是巨富，后来失去了财物，对于此人所生的怜悯之心，其心则是厚的。善星比丘也是如此，开始受持、诵读十二部经，获得了四禅，然后又退失，非常可怜。因此我说善星比丘是因为许多放逸所致。因为多放逸，所以断灭一切善根。我的许多弟子有眼见或耳闻的，对于其人无不生起非常怜悯的心，犹如原来是巨富，后来失去财物那样。我多年来常与善星在一起，共相随逐，而他自己生起许多邪恶之心。因为有邪恶之心，所以不能舍弃恶见。

善男子！我从往昔以来就看到善星有一点儿善根，像毛发那样，所以最终都没有记别预言他是断绝善根的一阐提，是地位极为低下的下等人，要在地狱住一劫长的时间。因为他宣说无因无果，没有所作的善恶等语时，然后我乃记别他永断善根，是一阐提地位极为低下的人，要在地狱住一劫长的时间。

善男子！譬如有人被淹没在厕所中，有善知识用手去拉他，只是抓住了头发，就想把他拉起来，结果拉了好长时间拉不起来，最后只好停止。我也是如此，看到善星有极为微少的善根，就想济度他，终日求之，最后仍没有达到目的，就像毛发那样极微少也没有做到，所以不能够把他从地狱中超拔出来。

迦叶菩萨对佛说：世尊！如来为什么要记别他将堕

入阿鼻地狱？

佛说：善男子！善星比丘有许许多多亲属，都说善星是阿罗汉，是得道果之人。我为了要纠正这些人的邪恶之心，所以悬记善星因为放逸所以堕入地狱。善男子！你现在应当知道，如来所说是真实不二的。为什么？因为若是佛所记别当堕地狱而不堕者，没有这样的道理。如果是声闻、缘觉所记别的，则有二种，或虚或实。如目犍连在摩揭陀国，曾遍告诸人，七日以后天当下雨，到时竟不下；后来又记别母牛当生白色的小牛，结果到生产时生下一头毛色不纯的小牛犊；又有记别生男孩，结果生下一女孩。

善男子！善星比丘经常为许多众生宣说一切都无善果、恶果，因而那时即永断一切善根，直至连毛发那样少也没有。善男子！我很早就知道此善星比丘将断善根，但仍旧和他一起共住二十年，衣、食、住、行都在一起。我如果远离他、抛弃他，不使他在我左右，此人将教导无数众生造作恶业。这就是我如来的第五解力。

迦叶菩萨说：世尊！一阐提辈，为什么没有善法？

佛说：善男子！一阐提辈，因为断灭了善根。一切众生都有信等五根，而一阐提辈却永远断灭了。由于这样，杀害了蚂蚁，就要得杀生罪，而杀一阐提却没有杀生罪。

迦叶菩萨说：世尊！一阐提是由于始终没有善法，因此名之为一阐提吗？

佛说：是这样的。

迦叶菩萨说：世尊！一切众生有三种善，所谓过去、未来和现在。一阐提辈也不能断未来的善法，为什么说断一切善法就名为一阐提呢？

佛说：善男子！断有二种，一是现在灭，二是现在障碍于未来。一阐提辈具有这二种断，所以我说一阐提辈断诸善根。善男子！譬如有人淹没于厕所中，只有头发还没有淹没。虽然头发还没有淹没，但头发终究不能胜过全身。一阐提辈也是如此，虽然在未来世将有善根，但却不能救地狱之苦。未来之世虽然可以得到救拔，但现在之世却一点办法也没有，所以名之为不可救济。但如果以佛性因缘，则可以得救。因为，佛性非过去、非未来、非现在，因此佛性不可得以断除。犹如腐朽败坏的种子不能生芽，一阐提辈也是这样。

迦叶菩萨说：世尊！一阐提辈不断佛性，佛性也是属于善的，为什么说一阐提辈断一切善？

佛说：善男子！如果一切众生在现在世中有佛性，就不能名之为一阐提。如世间中众生以我为性，而佛性是常住不变的，所以过去、未来和现在三世都不能摄受。三世若是能摄受，就名为无常了。所以佛性在于未来，因缘具足时，应当就能看到，因此说众生都有佛性。由于这个道理，所以十住菩萨具足庄严得以见到少部分佛性。

迦叶菩萨说：世尊！佛性是常，犹如虚空一样，那为什么如来说是未来当见？如来如果说一阐提辈没有善法，那么一阐提辈对于他的同学、师长、父母、亲族、妻子等，难道也将不生爱念之心吗？如果也生爱念之心，这不是善吗？

佛说：好极了！好极了！善男子！非常好能提这样的问题。佛性犹如虚空一样，并不是过去，也不是未来，更不是现在。一切众生有三种身，所谓过去、未来和现在。众生在未来完全具足了庄严清净之身，所以得见佛性，因此我说佛性在未来当见。善男子！我为众生说法，有时说因为果，有时说果为因，因此经中称以命为食，见色为触，未来身净，因此说佛性。

迦叶菩萨说：世尊！如果像佛所说的道理是这样的话，为什么又说一切众生都有佛性？

佛说：善男子！众生的佛性虽然现在没有，但不可说是没有，犹如虚空的本性一样，虽没有现在，但不能说没有。一切众生虽也是无常的，但佛性却是常住不变的。因此，我在这部经中说，众生的佛性，非内非外，犹如虚空非内非外一样。如果说虚空有内外的话，那么虚空就不名为一为常，也不能说虚空在一切处都有了。虚空虽然是非内非外，但一切众生都是有的。众生的佛性也是如此。如你所说一阐提辈都有善法，这道理不对。

为什么？因为一阐提辈如果有身业、口业、意业、取业、求业、施业、解业等，而所有这些业都是邪业。为什么？因为不求因果。善男子！如呵梨勒果，它的根、茎、枝、叶、花、果实都是苦的。一阐提所有的业也是这样。

原典

善男子！如来具足知诸根力[①]，是故善能分别众生上、中、下根，能知是人转下作中，能知是人转中作上，能知是人转上作中，能知是人转中作下。是故当知，众生根性无有决定。以无定故，或断善根，断已还生。若诸众生根性定者，终不先断，断已复生。亦不应说一阐提辈堕于地狱，寿命一劫。善男子！是故如来说一切法无有定相。

迦叶菩萨白佛言：世尊！如来具足知诸根力，定知善星当断善根，以何因缘，听其出家？

佛言：善男子！我于往昔初出家时，吾弟难陀[②]，从弟阿难[③]、调婆达多[④]，子罗睺罗，如是等辈，皆悉随我出家修道。我若不听善星出家，其人次当得绍王位，其力自在，当坏佛法。以是因缘，我便听其出家修道。

善男子！善星比丘若不出家，亦断善根，于无量世都无利益。今出家已，虽断善根，能受持戒，供养恭敬耆旧长宿有德之人，修习初禅乃至四禅，是名善因。如是善因，能生善法。善法既生，能修习道。既修习道，当得阿耨多罗三藐三菩提。是故我听善星出家。善男子！若我不听善星比丘出家受戒，则不得称我为如来，具足十力。

善男子！佛观众生具足善法及不善法。是人虽具如是二法，不久能断一切善根，具不善根。何以故？如是众生，不亲善友，不听正法，不善思维，不如法行。以是因缘，能断善根，具不善根。善男子！如来复知是人现世若未来世少、壮、老时，当近善友，听受正法苦、集、灭、道，尔时则能还生善根。

善男子！譬如有泉，去村不远，其水甘美，具八功德[5]。有人热渴，欲往泉所，边有智者，观是渴人，必定无疑当至水所。何以故？无异路故。如来世尊观诸众生亦复如是。是故如来名为具足知诸根力。

尔时，世尊取地少土置之爪上，告迦叶言：是土多耶？十方世界[6]地土多乎？

迦叶菩萨白佛言：世尊爪上土者，不比十方所有土也。

善男子！有人舍身还得人身，舍三恶身[7]得受人身，诸根完具，生于中国，具足正信，能修习道。修习道已，能得解脱。得解脱已，能入涅槃，如爪上土。舍人身已得三恶身，舍三恶身得三恶身，诸根不具，生于边地[8]，信邪倒见，修习邪道，不得解脱、常乐涅槃，如十方界所有地土。

善男子！护持禁戒，精勤不懈，不犯四重，不作五逆，不用僧鬘物[9]，不作一阐提，不断善根，信如是等涅槃经典，如爪上土。毁戒，懈怠，犯四重禁，作五逆罪，用僧鬘物，作一阐提，断诸善根，不信是经，如十方界所有地土。善男子！如来善知众生如是上、中、下根，是故称佛具知根力。

迦叶菩萨白佛言：世尊！如来具足是知根力，是故能知一切众生上、中、下根利钝差别，知现在世众生诸根，亦知未来众生诸根。如是众生于佛灭后作如是说。

如来毕竟入于涅槃，或不毕竟入于涅槃；或说有我，或说无我；或有中阴[10]，或无中阴；或说有退[11]，或说无退[12]；或言如来身是有为[13]，或言如来身是无为。

或有说言十二因缘是有为法[14]，或说因缘是无为法[15]；或说心是有常，或说心是无常；或有说言受五欲乐[16]能障圣道[17]，或说不遮；或说世第一法[18]唯是欲界，或说三界；或说布施唯是意业，或有说言即是五阴[19]；或有说言有三无为[20]，或有说言无三无为。

复有说言或有造色[21]，复有说言或无造色；或有说言有无作色[22]，或有说言无无作色；或有说言有心数法[23]，或有说言无心数法；或有说言有五种有，或有说言有六种有；或有说言八戒斋法[24]优婆塞戒具足受得，或有说言不具受得；或说比丘犯四重已比丘戒在，或说不在；或有说言须陀洹人、斯陀含人、阿那含人、阿罗汉人皆得佛道，或言不得。

或说佛性即众生有，或说佛性离众生有；或有说言犯四重禁，作五逆罪、一阐提等皆有佛性，或说言无；或有说言有十方佛[25]，或有说言无十方佛。如其如来具足成就知根力者，何故今日不决定说？

注释

①**知诸根力：**谓了知一切根力。“根力”一般指五根、五力。“五根”有二种：一为眼、耳、鼻、舌、身五根；二为信根、精进根、念根、定根、慧根。“五力”指信等五根发生的力量，即信力、精进力、念力、定力、慧力。

②**难陀：**佛的弟弟，因沉湎于其艳妻的美色，不乐出家，后来经佛方便度化，出家后证得阿罗汉果。

③**阿难：**为斛饭王之子，提婆达多之弟，佛的堂

弟。生于佛成道之夜。二十五岁时出家，随侍佛二十五年，受持一切佛法，为佛十大弟子之一，被称为“多闻第一”，佛教第一次结集，由他诵出经藏。

④**调婆达多：**提婆达多。为斛饭王之子，阿难之兄，佛的堂弟。出家学神通，身具三十相。随释迦佛出家为弟子，后自称“大师”，反对释迦佛，自建僧团，以“五法”代替“八正道”。

⑤**八功德：**八功德水。谓此水具有八种好处：一、澄净，没有污秽；二、清冷，没有浑浊、烦躁；三、甘美，富有甜味；四、轻软，水质轻浮柔软；五、润泽，滋润滑泽，有益身心；六、安和，安宁和平，沐浴其中，安稳舒适；七、除患，此水不但止渴，还可以去饿；八、增益，喝了此水，或在水中沐浴，可以增长人们的善根。

⑥**十方世界：**东、西、南、北、东南、西南、东北、西北、上、下十方世界。

⑦**三恶身：**地狱身、饿鬼身、畜生身。

⑧**边地：**边远地区，佛教中指阎浮提洲之边隅。

⑨**僧鬘物：**“僧衹物”，意谓比丘、比丘尼众共有之物。

⑩**中阴：**又名中有、中阴身。佛教认为，人死后尚未投胎之前，有一个由微细物质形成的化生身来维持生

命，这化生身即中阴。此中阴在最初的四十九天中，每七天一生死，经七番生死，以待业缘，而去投生。

⑪**有退**：谓由所证得之菩萨地及所悟之法有所退失。

⑫**无退**：谓由所证得之菩萨地及所悟之法不再退转，必至能成佛之位。

⑬**有为**：因缘造作的意思。

⑭**有为法**：与“有为”含义相同，即因缘和合而生的一切理法。

⑮**无为法**：指无因缘造作、无生灭变化而寂然常住之法。

⑯**五欲乐**：谓对色、声、香、味、触五者而生起贪欲之心，称为“五欲”。受五欲而感到快乐，叫作“五欲乐”。

⑰**圣道**：指无漏智所行之正道。亦指“八正道”。

⑱**世第一法**：乃四加行位之第四，为有漏智之最极，世俗法中之第一，故名。

⑲**五阴**：五蕴。色蕴、受蕴、想蕴、行蕴、识蕴。

⑳**三无为**：择灭无为、非择灭无为、虚空无为。

㉑**造色**：指由因缘造作而起之色。

㉒**无作色**：指无因缘造作之色。又与无表色含义相同，谓于身中恒转相续，具有防非止恶或相反的功能，而又不可见，且无障碍性之色法。

㉓**心数法：**心所法（心所有法）。因心法其数甚多，故名。

㉔**八戒斋法：**亦名八斋戒法。为优婆塞、优婆夷于一日一夜中学习出家所受之戒。八戒即：不杀生、不偷盗、不淫、不妄语、不饮酒、不涂饰香鬘、不观听歌舞、不非时食。其中不非时食是斋法，故合称为“八戒斋法”。

㉕**十方佛：**又作一切诸佛、三世佛、三世诸佛。乃统称全宇宙中之诸佛，即过去、现在、未来等三世之众多诸佛。诸经论所列举之名称、数目不一，《长阿含经》卷一、《杂阿含经》卷三十四等列举过去七佛之名，《佛说弥勒大成佛经》《佛说弥勒下生经》等说未来弥勒佛之出世，《佛说决定毗尼经》、《大宝积经》卷九十等列举释迦佛等三十五佛，《贤劫经》卷六举出现在贤劫千佛。

译文

善男子！如来圆满具足知诸根力，因此善能区别众生的上根、中根和下根，能知此人下根转为中根，能知此人中根转为上根，能知此人上根转为中根，能知此人中根转为下根。因此，应该知道众生的根性是没有决定的。因为没有决定，所以会有先断善根，或者断了以后又重新生起。如果一切众生的根性是决定的话，就不会先断灭，断了以后又重新生起。也不应该说一阐提辈堕入地狱后，寿命要经历一劫长的时间。善男子！因此如来说一切法是没有决定之相的。

迦叶菩萨对佛说：世尊！如来圆满具足知诸根力，一定知道善星将断善根，为什么还听从其出家？

佛说：善男子！我在过去初出家时，我的弟弟难陀、堂弟阿难和提婆达多、儿子罗睺罗等，都随我出家修道。我如果不让善星出家，他以后将继承王位。这样，他的权力自由自在，将会破坏佛法。由于这一原因，所以我便听从其出家修道。

善男子！善星比丘如果不出家，也要断灭善根，对于无量世界都没有利益。现在出家了，虽然断了善根，但尚能受持戒律，能供养、恭敬耆旧长宿有德行之人，能修习初禅乃至四禅，这就是善因。这个善因，能生善法。既然生起善法，就能修习佛道。既能修习佛道，将来就会得阿耨多罗三藐三菩提。因此，我才听从善星出家。善男子！如果我不同意善星比丘出家受戒，就不能称我为如来，是具足十力的觉者。

善男子！佛观察众生全部的善法及不善法。此人虽具有这二种法，但不久能断一切善根，生起不善之根。为什么？因为如此众生，不亲近善友，不听受正法，不正确思维，不如法而行。出于这些原因，所以能断善根，生起不善根。善男子！如来还知道，此人在现在世或在未来世的少年、壮年、老年时，能亲近善友，听受正法的苦、集、灭、道四谛，那时就能再生善根。

善男子！譬如有一泉水，离村庄不远，其水甘美，具有八种功德。有人又热又渴，想到泉水之处，其旁有一位有智慧的人，看到这位又热又渴的人，一定毫无疑问知道他会走到有泉水的地方。为什么？因为没有第二条路可走。如来世尊观察一切众生也是如此。因此如来名为具足知诸根力。

这时，世尊从地上取一些泥土放在手掌中，告诉迦叶说：这些土多呢，还是十方世界的泥土多？

迦叶菩萨回答说：世尊！您手掌上的土，当然不能与十方世界所有的土相比。

佛接着说：善男子！有人舍身以后仍得人身，有的舍地狱、饿鬼、畜生三恶身后得受人身，诸根完全具备，生于古印度中心摩揭陀国，具足正信，能修习佛道。修习佛道以后，能得到解脱。得到解脱以后，能入涅槃。这种人犹如我手掌上的泥土。而有人舍人身以后得三恶道之身，有的舍三恶道之身后仍得三恶道之身，诸根不全，生于边远地区，相信邪见、倒见，修习邪道，不得解脱，不得常乐涅槃，这犹如十方世界的所有泥土。

善男子！如果有人护持禁戒，精勤努力不懈，不犯四重禁，不作五逆罪，不用僧祇共有之物，不作一阐提，不断善根，相信这涅槃经典等好比是我手掌上的泥土那样少。如果有人毁戒，懈怠，犯四重禁，作五逆罪，用僧祇共有之物，作一阐提，断一切善根，不相信此经，这好比是十方世界的所有土地那么多。善男子！如来善于知道众生这样的上根、中根、下根，因此称佛是具知根力。

迦叶菩萨对佛说：世尊！如来具足这样的知根力，因此能知道一切众生上、中、下三根的利钝差别，不仅知道现在世众生的诸根，而且知道未来世众生的诸根。因此众生在佛灭后有种种说法。

有说如来毕竟入于涅槃，有说不毕竟入于涅槃；有说有我，有说无我；有说有中阴，有说无中阴；有说有退转，有说无退转；有说如来身是有为，有说如来身是无为。

有说十二因缘是有为法，有说十二因缘是无为法；有说心是有常，有说心是无常；有说受五欲乐能障碍圣道，有说不会遮止圣道；有说世第一法唯是欲界有，有说三界均有；有说布施唯是意业，有说布施就是五蕴；有说有三种无为法，有说没有三种无为法。

有说有造色，有说无造色；有说有无作色，有说无无作色；有说有心数法，有说无心数法；有说有五种有，有说有六种有；有说八戒斋法须具足优婆塞戒才能受得，有说不须具足就能受得；有说比丘犯了四重禁后比丘戒尚存在，有说已经不存在；有说须陀洹人、斯陀含人、阿那含人、阿罗汉人都能得佛道，有说不能得佛道。

有说佛性就是众生身而有，有说佛性是离开众生身而存在；有说犯四重禁，作五逆罪、一阐提等皆有佛性，有说这些人没有；有说有十方佛，有说没有十方佛。如果如来是具足成就知根力的话，为什么现在不作决定之说？

7 迦叶菩萨品第十二之四

原典

善男子！如来复有随自意语[1]。如来佛性则有二种：一者有，二者无。

有者，所谓三十二相、八十种好、十力、四无所畏、三念处、大慈大悲、首楞严等无量三昧、金刚等无量三昧、方便等无量三昧、五智印[2]等无量三昧，是名为有。无者，所谓如来过去诸善、不善、无记业因果报，烦恼、五阴、十二因缘，是名为无。

善男子！如有无、善不善、有漏无漏[3]、世间非世间、圣非圣、有为无为、实不实、寂静非寂静、诤非诤、界非界、烦恼非烦恼、取非取、受记非受记、有非有、三世非三世、时非时、常无常、我无我、乐无乐、净无净、色受想行识非色受想行识、内入[4]非内入、外入[5]非外入、十二因缘非十二因缘，是名如来佛性有无。乃至一阐提佛性有无，亦复如是。

善男子！我虽说言一切众生悉有佛性，众生不解佛如是等随自意语。善男子！如是语者，后身菩萨尚不能解，况于二乘其余菩萨？

善男子！我往一时在耆阇崛山[6]，与弥勒[7]菩萨共论世谛，舍利弗等五百声闻于是事中都不识知，何况出世第一义谛？

善男子！或有佛性一阐提有，善根人无；或有佛性善根人有，一阐提无；或有佛性二人俱有；或有佛性二人俱无。

善男子！我诸弟子若解如是四句义者，不应难言一阐提人定有佛性、定无佛性。若言众生悉有佛性，是名如来随自意语。

如来如是随自意语，众生云何一向作解？善男子！如恒河中有七众生。一者常没，二者暂出还没，三者出已则住，四者出已遍观四方，五者遍观已行，六者行已复住，七者水陆俱行。

言常没者，所谓大鱼，受大恶业，身重处深，是故常没。

暂出还没者，如是大鱼，受恶业故，身重处浅，暂见光明，因光故出，重故还没。

出已住者，谓坻弥鱼[8]，身处浅水，乐见光明，故出已住。

遍观方者，所谓鰽鱼，为求食故，遍观四方，是故观方。

观已行者，谓是鰽鱼，遥见余物，谓是可食，疾行趣之，故观已行。

行已复住者，是鱼趣已，既得可食，即便停住，故行已复住。

水陆俱行者，即是龟也。

善男子！如是微妙大涅槃河，其中亦有七种众生，从初常没乃至第七，或入或出。

所言没者，有人闻是《大涅槃经》，如来常住，无有变易，常、乐、我、净，终不毕竟入于涅槃，一切众生悉有佛性。一阐提人谤方等经，作五逆罪，犯四重禁，必当得成菩提之道。须陀洹人、斯陀含人、阿那含人、阿罗汉人、辟支佛等，必当得成阿耨多罗三藐三菩提。

闻是语已生不信心，即作是念，作是念已便作是言：是涅槃典即外道书，非是佛经。是人尔时远离善友，不闻正法。虽时得闻，不能思维。虽复思维，不思维善。不思善故，如恶法住。

恶法住者则有六种：一者恶，二者无善，三者污法，四者增有[9]，五者恼热[10]，六者受恶果，是名为没。

何故名没？无善心故，常行恶故，不修对治[11]故，是名为没。

所言恶者，圣人呵责故，心生怖畏故，善人远离故，不益众生故，是名为恶。

言无善者，能生无量恶果报故，常为无明所缠绕故，乐与恶人为等侣故，无有修善诸方便故，其心颠倒常错谬故，是名无善。

言污法者，常污身口故，污净众生故，增不善业故，远离善法故，是名污法。

言增有者，如上三人所行之法，能增地狱、畜生、饿鬼，不能修习解脱之法，身、口、意业不厌诸有，是名增有。

言恼热者，是人具行如上四事，能令身、心二事恼热。远离寂静，则名为热；受地狱报，故名为热；烧诸众生，故名为热；烧诸善法，故名为热。善男子！信心、清凉是人不具，是故名热。

言受恶果者，是人具足行上五事，死堕地狱、饿鬼、畜生。

善男子！有三恶事复名恶果。一者烦恼恶，二者业恶，三者报恶，是名受恶果报。

善男子！是人具足如上六事，能断善根，作五逆罪，能犯四重，能谤三宝，用僧鬘物，能作种种非法之事。是因缘故，沉没在于阿鼻地狱，所受身形纵广八万四千由旬。是人身、口、心业重故，不能得出。何以故？其心不能生善法故，虽有无量诸佛出世，不闻不见。是故名常没，如恒河中大鱼。

善男子！我虽复说一阐提等名为常没，复有常没非一阐提，何者是耶？如人为有修施戒善[12]，是名常没。

善男子！有四善事获得恶果。何等为四？一者为胜他故读诵经典，二者为利养故受持禁戒，三者为他属故而行布施，四者为于非想非非想处故系念思维。

是四善事得恶果报。若人修习如是四事，是名没已还出、出已还没。何故名没？乐三有故。何故名出？以见明故，明者即是闻戒施定。何故还没？增长邪见，生憍慢故。是故我于经中说偈：

若有众生乐诸有，为有造作善恶业；
是人迷失涅槃道[13]，是名暂出还复没。
行于黑暗生死海，虽得解脱杂烦恼；
是人还受恶果报，是名暂出还复没。

善男子！如彼大鱼，因见光故，暂得出水，其身重故，还复沉没。如上二人亦复如是。

善男子！或复有人乐着三有，是名为没。得闻如是

《大涅槃经》生于信心，是名为出。何因缘故名之为出？闻是经已，远离恶法，修习善法，是名为出。是人虽信，亦不具足。

何因缘故，信不具足？是人虽信大般涅槃常、乐、我、净，言如来身无常、无我、无乐、无净。

如来则有二种涅槃：一者有为，二者无为。

有为涅槃无常、乐、我、净，无为涅槃有常、乐、我、净。虽信佛性是众生有，不必一切皆悉有之，是故名为信不具足。

善男子！信有二种：一者信，二者求。如是之人虽复有信，不能推求，是故名为信不具足。

信复有二：一从闻生，二从思生。是人信心从闻而生，不从思生，是故名为信不具足。

复有二种：一信有道，二信得者。是人信心唯信有道，都不信有得道之人，是故名为信不具足。

复有二种：一者信正，二者信邪。言有因果，有佛、法、僧，是名信正。言无因果，三宝性异，信诸邪语富兰那[14]等，是名信邪。是人虽信佛、法、僧宝，不信三宝同一性相；虽信因果，不信得者。是故名为信不具足。是人成就不具足信，所受禁戒亦不具足。何因缘故名不具足？因不具故，所得禁戒亦不具足。

复何因缘名不具足？戒有二种：一威仪戒[15]，二从戒戒[16]。是人唯具威仪等戒，不具从戒戒，是故名为戒不具足。

复有二种：一者作戒[17]，二者无作戒[18]。是人唯具作戒，不具无作戒，是故名为戒不具足。

复有二种：一从身、口得于正命[19]，二从身、口不得正命。是人虽从身、口不得正命，是故名为戒不具足。

复有二种：一者求戒[20]，二者舍戒[21]。是人唯具求有之戒，不得舍戒，是故名为戒不具足。

复有二种：一者随有[22]，二者随道[23]。是人唯具随有之戒，不具随道，是故名为戒不具足。

复有二种：一者善戒[24]，二者恶戒[25]。身、口、意善，是名善戒；牛戒、狗戒，是名恶戒。是人深信是二种戒俱有善果，是故名为戒不具足。是人不具信、戒二事，所修多闻亦不具足。

云何名为闻不具足？如来所说十二部经，唯信六部，不信六部，是故名为闻不具足。虽复受持是六部经，不能读诵为他解说，无所利益，是故名为闻不具足。又复受是六部经已，为论议故，为胜他故，为利养故，为诸有故，受持、读诵、解说，是故名为闻不具足。

注释

①**随自意语：**指如来随自己的意见而说自己所证之一、实等法。

②**五智印：**金刚智印、宝智印、法轮智印、羯磨智印、一切如来法界智印。

③**有漏无漏：**有烦恼和没有烦恼。

④**内入：**内六入、内六处。眼、耳、鼻、舌、身、意六根。

⑤**外入：**外六入、外六处。色、声、香、味、触、法六境。

⑥**耆阇崛山：**意译“鹫头山”“灵鹫山”。因山顶似鹫，又山中鹫多，故名。在中印度摩揭陀国王舍城东北，为释迦牟尼佛说法之地。

⑦**弥勒：**意译“慈氏”。佛教称现住兜率天内院，为一生补处菩萨，将经四千岁（即人间五十六亿七千万岁）下生人间，于华林园龙华树下成佛，继释迦牟尼佛之后，为贤劫之第五尊佛。

⑧**坻弥鱼：**又称“低弥鱼”，为大身鱼，专门吃食其他小鱼者。

⑨**增有：**“有”，意谓有生死烦恼。增添生死烦恼，即谓之“增有”。

⑩**恼热**：“热恼”，谓逼于剧苦而身热心恼之意。

⑪**对治**：断灭烦恼之意。

⑫**为有修施戒善**：意思是为了生死烦恼而修习布施、持戒的善法。

⑬**涅槃道**：意为超脱生死，证得涅槃之道。

⑭**富兰那**：全称“富兰那迦叶”，六师外道之一，不信因果报应之说。

⑮**威仪戒**：指虽受戒，唯外现威仪，但为名利，欲受人尊敬。

⑯**从戒戒**：指顺从佛制，清净三业，内外相称，如实受持戒行。

⑰**作戒**：又作“表戒”“教戒”。谓依诸种表业而受戒。

⑱**无作戒**：又作“无表戒”“无教戒”。谓已受戒而身得戒体。

⑲**正命**：依从正法，清净身、口、意三业，远离邪恶之谋生方法，如法求得衣、食等生活资助，以维持生命，即谓之“正命”。

⑳**求戒**：指为三有之果报而持戒。

㉑**舍戒**：指舍三有之果报，真实受持戒法者。

㉒**随有**：随顺诸有而受戒。

㉓**随道**：随顺佛道而受戒。

㉔**善戒：**亦称“正戒”。谓随顺世法、佛制，于身、口、意防非止恶。

㉕**恶戒：**亦称“邪戒”，指牛戒、狗戒等邪见之戒法。

译文

佛说：善男子！如来还有随自意语。如来佛性有二种：一为有，二为无。

所谓有，就是如来有三十二相、八十种好、十力、四无所畏、三念处、大慈大悲、首楞严等无量三昧、金刚等无量三昧、方便等无量三昧、五智印等无量三昧，这些都名之为有。所谓无，就是如来过去一切的善、不善、无记的业因果报，烦恼、五蕴、十二因缘，这些都名之为无。

善男子！此外，如有和无、善与不善、有漏无漏、世间非世间、圣人非圣人、有为无为、实在不实在、寂静非寂静、有争无争、界非界、烦恼非烦恼、取非取、受记非受记、有非有、三世非三世、时非时、常无常、我无我、乐无乐、净无净、色受想行识非色受想行识、内入非内入、外入非外入、十二因缘非十二因缘等，这些都名之为如来佛性有无。直至一阐提佛性有无也是如此。

善男子！我虽然说过一切众生都有佛性，但一切众生都不理解佛这样的随自意语。善男子！这样的随自意语，就是后身菩萨尚且不能理解，更何况声闻、缘觉和其余的菩萨？

善男子！我过去在耆阇崛山，和弥勒菩萨共同讨论世俗谛，舍利弗等五百位声闻对此都不能识知，更何况是出世第一义谛？

善男子！有的佛性，一阐提有，善根人没有；有的佛性，善根人有，一阐提没有；有的佛性此二种人都有；有的佛性，此二种人都没有。

善男子！我的弟子们如果理解了这样四句话的含义，就不会提出一阐提是定有佛性，还是定无佛性这样的责难。如果说众生都有佛性，这叫作如来的随自意语。

如来这样的随自意语，众生为什么偏向一方面去理解而不作全面理解呢？善男子！这犹如恒河中有七种众生。一为常没于水中，二为暂出又没，三是出水后就停住，四是出水后普遍观察四方，五是普遍观察以后就行走，六是行走以后又停住，七是水中、陆地都能行走。

说常没水中的，就是所谓大鱼，因为受了大恶业，身体笨重，处于深水中，因此名为常没。

暂出又没，是说这条大鱼，因为受了大恶业，身体笨重，但处于浅水中，暂时见到光明，因见到光明所以出水，但因为身体重，又没入水中。

出水以后就停住的，是坻弥鱼，此鱼身处浅水中，乐于见到光明，所以出水以后就停住。

遍观四方的，是所谓鳍鱼，此鱼为了求取食物，普遍观察四方，所以名为遍观四方。

普遍观察以后就行走的，是指此鳍鱼，远远看见余物，认为是可食用之物，就很快地追上去，所以称遍观已行。

行走以后又停住的，是说该鳍鱼追上以后，既得可口之食，就便停住，所以称为行已复住。

水中、陆地都能行走的，就是龟类。

善男子！如此微妙的大涅槃河，其中也有七种众生，从第一种常没水中直至第七种水陆俱行，或入或出。

所谓常没，就是有人听闻此《大涅槃经》，其中有如来常住，没有变易，常、乐、我、净，最终不是毕竟入于涅槃，一切众生都有佛性。一阐提人虽然诽谤大乘经，作五逆罪，犯四重禁，但必定将得成就菩提之道。须陀洹人、斯陀含人、阿那含人、阿罗汉人、辟支佛等，必定将成就阿耨多罗三藐三菩提。

听了这些说法后，生起不信之心和不信之念，于是便说：此涅槃经典是外道书，不是佛经。此人这时远离善友，不听闻正法。虽然有时也听一点，但不能正确思维。虽然有时也进行思维，但不是思维善法。由于不思维善法，就依恶法潜住而居。

恶法住有六种：一为恶，二为无善，三为污秽法，四为增有，五为恼热，六为受恶果，就名之为没。

为什么称之为没？因为没有善心，经常行恶，不修对治之法，即断灭烦恼，所以名之为没。

所谓恶，就是圣人呵责，心生怖畏，善人远离，不利益众生，这就名之为恶。

所谓无善，就是能生起无量恶的果报，经常为无明所缠绕，乐于与恶人为伴侣，没有修善的好方法，其心颠倒，常发生错谬的思想，这就名之为无善。

所谓污法，就是常污身口，污秽清净的众生，增长不善之业，远离善法，这就名之为污法。

所谓增有，如上面所说的恶人、无善之人和污法之人所行之法，能增添地狱、畜生、饿鬼三恶道，不能修习解脱之法，身、口、意三业不厌恶诸有（烦恼），这就名为增有。

所谓恼热，此人悉行上面所述的四事，能令身、心二方面都恼热。远离寂静，名为热；受地狱果报，故名为热；以烦恼燃烧一切众生，故名为热；以烦恼燃烧一切善法，故名为热。善男子！因为信心、清凉等，此人都没有，因此名之为热。

所谓受恶果，就是此人全部进行以上五事，其死后堕于地狱、饿鬼、畜生三恶道。

善男子！还有三种恶事也称为恶果。一是烦恼恶，二是业恶，三是报恶，此即名为受恶果报。

善男子！此人全部具足了以上所述六事，就能断灭善根，作五逆罪，犯四重禁，诽谤三宝，用僧祇物，并做种种非法之事。由于这些原因，因而沉没于阿鼻地狱，所受身形极广大，纵横八万四千由旬。此人身、口、意三业深重，不能出离地狱。为什么？因为其心不能生起善法，所以虽然有无量诸佛出世，也是不闻不见。因此名为常没，如恒河中的大鱼一样。

善男子！我虽然也说一阐提等名为常没，又说常没不是一阐提，这两种说法哪一种是正确的呢？譬如有人为了生死之有才修施戒善，这就名为常没。

善男子！有四种善事会获得恶果（此指心念动机不纯善，虽行善，但却获恶果）。哪四种？第一种是为了胜过他人故诵读经典；第二种是为了名利供养故受持禁戒；第三种是为了他的眷属故进行布施；第四种是为了到非想非非想处故系念思维。

这四种善事能得恶果报。如果有人修习这样四种事，名之为没已还出、出已还没。为什么名之为没？因为乐于三有（三界的生死）。为什么名之为出？因为见到了光明，光明就是闻戒施定。为什么名之为还没？因为增长邪见，生起了骄慢。因此，我在经中说偈：

如果有众生乐于一切诸有，为了诸有而造作善恶等业；
此人迷失了涅槃之道，就名之为暂出还复没。
行于黑暗的生死之海，虽然得以解脱杂烦恼；
此人还是要受苦果报，就名之为暂出还复没。

善男子！好像恒河中的大鱼一样，因为见到光明，所以暂得出水，因为其身很重，所以又复沉没。上面所说的二种人也是如此。

善男子！又有人乐于贪着三界的生死之有，此名之为没。得闻此《大涅槃经》而生起信心，此名之为出。因为什么原因才名之为出？因为听了此经之后，就远离恶法，修习善法，此即名之为出。此人虽生起信心，但还不圆满具足。

为什么信心还不圆满具足？因为此人虽然相信大般涅槃是常、乐、我、净，但又说如来之身是无常、无我、无乐、无净。

这样如来就有二种涅槃：一是有为，二是无为。

有为涅槃没有常、乐、我、净，无为涅槃有常、乐、我、净。虽然相信佛性是众生所有，但不一定一切众生都有，因此名之为信不具足。

善男子！信有二种：一是信，二是求。如此之人虽然也有信心，但还不能推求，所以名之为信不圆满具足。

信又有二种：一是从闻而生，二是从思而生。此人信心还只是从闻而生，不是从自己的思虑而生，所以名之为不圆满具足。

又有二种信：一是信有佛道，二是信得道之人。此人信心只是信有佛道，却都不信有得道之人，因此名之为信不圆满具足。

信又有二种：一为信正，二为信邪。说有因果，有佛、法、僧三宝，此名为信正。说没有因果，佛、法、僧三宝性各有异，相信一切邪语如富兰那等人之说，此名为信邪。此人虽信佛、法、僧三宝，但不相信三宝是同一性相；虽相信因果，但不相信有得果之人。因此名之为信不圆满具足。此人成就的是不圆满具足的信心，所受的禁戒也不是圆满具足的。以何因缘所以称为不圆满具足？因为信不具足，故所得禁戒也不具足。

又以何因缘所得禁戒名为不圆满具足？因为戒有二种：一是威仪戒，二是从戒戒。此人只是具有威仪等戒，不具有从戒戒（按佛制受持戒行），因此名之为戒不圆满具足。

又有二种戒：一是作戒，二是无作戒。此人只具有作戒，不具有无作戒，因此名为戒不圆满具足。

又有二种戒：一是从身、口得到正命，二是从身、口不得正命。此人从身、口不得正命，因此名为戒不圆满具足。

又有二种戒：一是求戒，二是舍戒。此人只是为求三界生死之有的果报而持戒，不具有舍弃三界生死之有的果报而真实受持之戒，因此名为戒不圆满具足。

又有二种戒：一是随有，二是随道。此人只具有随顺诸有而受之戒，不具有随顺佛道而受之戒，因此名为戒不圆满具足。

又有二种戒：一是善戒，二是恶戒。身、口、意善，名为善戒；学牛戒、狗戒，名为恶戒。此人深信这二种戒都有善果，因此名为戒不圆满具足。又此人不仅不具有信、戒二事，所修多闻也不圆满具足。

什么是闻不具足？就是如来所说的十二部经，只相信六部，不相信其余六部，因此名为闻不圆满具足。又虽能受持此六部经，但不能诵读，也不能为他人解说，不能得任何利益，因此名为闻不圆满具足。还有受持这六部经后，是为了论议，为了胜过他人，为了名利供养，为了一切生死之有，因而受持、诵读、解说，因此也名为闻不圆满具足。

原典

善男子！我于经中说闻具足。云何具足？若有比丘身、口、意善，先能供养和上①、诸师有德之人。是诸师等于是人所生爱念心，以是因缘教授其法。是人至心受持诵习，持诵习已，获得智慧。

得智慧已，能善思维，如法而住。善思维已，则得正义，得正义已，身心寂静。身心寂已，则生喜心，喜心因缘，心则得定。因得定故，得正知见，正知见已，于诸有中心生厌悔，悔诸有故，能得解脱。是人无有如是等事，是故名为闻不具足。

是人不具如是三事，施亦不具。施有二种：一者财施，二者法施。是人虽复行于财施，为求有故。虽行法施，亦不具足。何以故？秘不尽说，畏他胜故，是故名为施不具足。

财法二施各有二种：一者圣，二者非圣。圣者，施已不求果报；非圣，施已求于果报。圣者法施，为增长法；非圣法施，为增诸有。如是之人，为增财故，而行财施，为增有故，而行法施，是故名为施不具足。

复次，是人受六部经，见受法者而供给之，不受法者则不供给，是故名为施不具足。是人不具如上四事，所修智慧亦不具足。智慧之性，性能分别，是人不能分别如来是常无常。

如来于此《涅槃经》中说言：如来即是解脱，解脱即是如来；如来即是涅槃，涅槃即是解脱。于是义中不能分别。梵行即是如来，如来即是慈、悲、喜、舍，慈、悲、喜、舍即是解脱；解脱即是涅槃，涅槃即是慈、悲、喜、舍。于是义中不能分别，是故名为智不具足。

复次，不能分别佛性。佛性即是如来，如来即是一切不共之法[②]，不共之法即是解脱；解脱即是涅槃，涅槃即是不共之法。于是义中不能分别，是故名为智不具足。

复次，不能分别四谛苦、集、灭、道。不能分别四真谛故，不知圣行；不知圣行故，不知如来；不知如来故，不知解脱；不知解脱故，不知涅槃，是故名为智不具足。

是人不具如是五事，则有二种：一增善法，二增恶法。云何名为增长恶法？是人不见己不具足，自言具足而生着心，于同行中自谓为胜，是故亲近同己恶友。既亲近已，复得更闻不具足法，闻已心喜，其心染着，起于憍慢，多行放逸。因放逸故，亲近在家，亦乐闻说在家之事，远离清净出家之法，以是因缘增长恶法。增恶法故，身、口、意等起不净业；三业不净故，增长地狱、畜生、饿鬼，是名暂出还没。

暂出还没者，我佛法中其谁是耶？谓提婆达多、瞿伽离[3]比丘、惋手比丘、善星比丘、低舍比丘、满宿[4]比丘、慈地比丘尼、旷野比丘尼、方比丘尼、慢比丘尼、净洁长者、求有优婆塞、舍勒释种、象长者、名称优婆夷、光明优婆夷、难陀优婆夷、军优婆夷、铃优婆夷，如是等人名为暂出还没。譬如大鱼，见明故出，身重故没。

第二之人深自知见，行不具足。不具足故，求近善友；近善友故，乐谘未闻；闻已乐受；受已乐善思维；善思维已，能如法住；如法住故，增长善法；增善法故，终不复没，是名为住。

我佛法中其谁是耶？谓舍利弗、大目犍连、阿若憍陈如等五比丘、耶舍[5]等五比丘、阿瓮楼陀[6]、童子迦叶[7]、摩诃迦叶[8]、十力迦叶[9]、瘦瞿昙弥比丘尼、波吒罗华比丘尼、胜比丘尼、实义比丘尼、意比丘尼、跋陀比丘尼、净比丘尼、不退转比丘尼、频婆娑罗王[10]、郁伽[11]长者、须达多[12]长者、释摩男[13]、贫须达多、鼠狼长者子、名称长者、具足长者、师子将军、优波离[14]长者、刀长者、无畏优婆夷、善住优婆夷、爱法优婆夷、勇健优婆夷、天得优婆夷、善生优婆夷、具身优婆夷、牛得优婆夷、旷野优婆夷、摩诃斯那优婆夷，如是等比丘、比丘尼、优婆塞、优婆夷，得名为住。

云何为住？常乐睹见善光明故。以是因缘，若佛出世，若不出世，如是等人终不造恶，是名为住。如低弥鱼，乐见光明，不沉不没。如是等众，亦复如是。是故我于经中说偈：

若人善能分别义，至心求于沙门果[15]；
若能呵责一切有，是人名为如法住。
若能供养无量佛，则能无量世修道；
若受世乐不放逸，是人名为如法住。
亲近善友听正法，内善思维如法住；
乐见光明修习道，获得解脱安隐住。

善男子！智不具足凡有五事，是人知已，求近善友。如是善友，当观是人贪欲、嗔恚、愚痴、思觉[16]，何者偏多。若知是人贪欲多者，即应为说不净观法；嗔恚多者为说慈悲；思觉多者教令数息；着我多者，当为分析十八界等。

是人闻已，至心受持；心受持已，如法修行；如法行已，次第获得四念处，观身受心法；得是观已，次第复观十二因缘，如是观已，次得暖法[17]。

迦叶菩萨白佛言：世尊！一切众生悉有暖法。何以故？如佛所说，三法[18]和合，名为众生。一、寿，二、暖，三、识。若从是义，一切众生应先有暖。云何如来说言暖法因善友生？

佛言：善男子！如汝所问有暖法者，一切众生至一阐提皆悉有之。如我今者所说暖法，要因方便，然后乃得，本无今有。以是义故，非诸众生一切先有。是故汝今不应难言一切众生皆有暖法。

善男子！如是暖法，是色界法，非欲界有。若言一切众生有者，欲界众生亦皆应有。欲界无故，当知一切不必都有。

善男子！色界虽有，非一切有。何以故？我弟子有，外道则无。以是义故，一切众生不必都有。

善男子！一切外道唯观六行[19]，我诸弟子具足十六。是十六行[20]，一切众生不必都有。

迦叶菩萨白佛言：世尊！所言暖法，云何名暖？为自性暖？为他故暖？

佛言：善男子！如是暖法，自性是暖，非他故暖。

迦叶菩萨言：世尊！如来先说马师[21]、满宿无有暖法。何以故？于三宝所无信心故，是故无暖。当知信心即是暖法。

善男子！信非暖法。何以故？因于信心获得暖故。善男子！夫暖法者，即是智慧。何以故？观四谛故，是故名之为十六行，行即是智。善男子！如汝所问，何因缘故，名为暖者？善男子！夫暖法者，即是八圣道之火相，故名为暖。

善男子！譬如攒火，先有暖气，次有火生，后则烟出。是无漏道，亦复如是。暖者，即是十六行也；火者，即是须陀洹果；烟者，即是修道断结。

迦叶菩萨复白佛言：世尊！如是暖法，亦是有法，亦是有为。是法报得色界五阴，是故名有，是因缘故，复名有为。若是有为，云何能为无漏道相？

佛言：善男子！如是如是，如汝所说。善男子！如是暖法，虽是有为、有法，还能破坏有为、有法，是故能为无漏道相。

善男子！如人乘马，亦爱亦策。暖心亦尔，爱故受生，厌故观行。是故虽复有法、有为，而能与彼正道作相。得暖法人，七十三种，欲界十种。是人具足一切烦恼，从断一分至于九分。如欲界初禅乃至无所有处，亦复如是，是名七十三种。如是等人，得暖法已，则不复能断于善根，作五逆罪，犯四重禁。是人二种：一遇善友，二遇恶友。

遇恶友者，暂出还没。遇善友者，遍观四方。观四方者，即是顶法㉒。是法虽复性是五阴，亦缘四谛，是故得名遍观四方。得顶法已，次得忍法㉓。是忍亦尔，性亦五阴，亦缘四谛。

是人次得世第一法㉔。是法虽复性是五阴，亦缘四谛。是人次第得苦法忍㉕。忍性是慧，缘于一谛。如是忍法缘一谛已，乃至见断烦恼，得须陀洹果，是名第四遍观四方。四方者，即是四谛。

注释

①**和上**：和尚。意译“亲教师”。原为印度对师父的俗称，佛教用以对僧人的尊称。

②**不共之法**：十八不共法。谓佛的十八种功德法，唯佛独有，不与三乘共有。即：身无失、口无失、念无失、无异想、无不定心、无不知已舍、欲无减、精进无减、念无减、慧无减、解脱无减、解脱知见无减、一切身业随智慧行、一切口业随智慧行、一切意业随智慧行、智慧知过去世无碍、智慧知未来世无碍、智慧知现在世无碍。

③**瞿伽离**：意译牛守、恶时者等。为提婆达多之弟子。

④**满宿**：音译弗那跋，六恶比丘之一，为目犍连弟子。

⑤**耶舍**：上座部创始人。释迦入灭后一百年时，有跋耆族比丘提出十条戒律新主张，耶舍约集七百比丘于毗舍离举行佛教第二次结集，断十事为非法，组成上座部。

⑥**阿㝹楼陀**：阿那律。佛十大弟子之一，为佛之

从弟。

⑦**童子迦叶**：谓其母于妊娠中出家为比丘尼，后生男孩，字童子迦叶，八岁出家，成阿罗汉果。

⑧**摩诃迦叶**：大迦叶，佛十大弟子之一。王舍城人。为佛教第一次结集的召集人。因少欲知足，常修头陀行，被称为“头陀行第一”。

⑨**十力迦叶**：五比丘之一，为佛最早的弟子。

⑩**频婆娑罗王**：佛在世时摩揭陀国国王。深归佛法，积善甚多，但终为逆子阿阇世王幽囚，证阿那含果而死。

⑪**郁伽**：佛在世时舍卫国长者，诣佛所出家，佛曾为之说法。

⑫**须达多**：佛在世时舍卫国给孤独长者之本名，为祇园精舍之施主。

⑬**释摩男**：五比丘之一，为佛最早的弟子。

⑭**优波离**：亦作优婆离。迦毗罗卫国人，属首陀罗种姓。佛十大弟子之一。佛教第一次结集时，由他诵出律。因出家后奉持戒律，无所触犯，被称为“持律第一”。

⑮**沙门果**：指修沙门行者所得之果。

⑯**思觉**：思量、觉察的意思。

⑰**暖法**：原指地、水、火、风四大中“火大”之性。

此处指四善根位之暖法，比喻接近见道之火。又指寿、暖、识三法中之暖法，即人的肉体。

⑱**三法**：指寿、暖、识。寿为寿命，即生命；暖为温暖，指肉体；识为心识，指精神。

⑲**六行**：指印度古代六种苦行外道所修之苦行，即自饿、投渊、赴火、裸形自坐、寂默、持牛狗戒。

⑳**十六行**：四谛十六行相。谓四谛各有四相：苦谛四相是非常、苦、空、非我；集谛四相是因、集、生、缘；灭谛四相是灭、静、妙、离；道谛四相是道、如、行、出。

㉑**马师**：又称“马宿”。六恶比丘之一。

㉒**顶法**：四善根之一。亦称顶位。在暖法的基础上，进而智慧增长，达于顶点，名为顶位，亦即顶法。

㉓**忍法**：四善根之一。亦称忍位。在顶法基础上，再进而明四谛之理，其心坚住，决定不移，名为忍位，亦即忍法。

㉔**世第一法**：四善根之一。在忍位基础上，更进而到达有漏智的最终点，在世间有情之中，最为殊胜，故名世第一法。

㉕**苦法忍**：四法忍之一。亦称苦法智忍。即观欲界苦谛而正断其见惑之无间道智。“忍”是“信”的意思。信而不疑之智，故名苦法智忍。

译文

善男子！我曾于经中说过闻具足之事。什么是闻具足？就是如有比丘身、口、意都是善的，先是能供养和尚、诸位法师等有德之人。这些法师等对于此人生起爱念之心，因而教授他们佛法。此人以至诚之心受持、诵习，受持、诵习以后即获得智慧。

得到智慧之后，能够善于思考，如法而行。善于思考以后，就能得到真正的法义，得到真正的法义以后，就身心寂静。身心寂静后，就生欢喜之心，由于欢喜之心的因缘，心就得以安定。因为心得到安定，就能得到正知、正见，得到正知、正见以后，就在一切诸有中心生厌悔，因为厌悔诸有，就能得到解脱。此人没有具足以上德行，因此名为闻不具足。

此人不仅不圆满具足这样的三事，而且布施也不具足。布施有二种：一是财施，二是法施。此人虽然也进行财施，但是为了求诸有才布施。虽然也进行法施，但也不具足。为什么？因为在说法时还保守一些秘密不完全说出来，怕别人胜过他。因此名为施不具足。

财施和法施各有二种：一为圣人，二为不是圣人。圣人布施以后不求果报；若不是圣人，布施以后要求得到果报。圣人法施，乃为了增长佛法；若不是圣人法施，乃为了增长一切诸有。此人为了增长财富而进行财施，为了增长一切诸有而进行法施，因此名为施不具足。

其次，此人受持六部经，见到有受法之人就布施给他们，对于那些不受法的人就不布施给他们，因此名为施不具足。此人不仅不具有以上的四事，而且所修的智慧也不具足。智慧的本性，是能够分辨事物，此人则不能分辨如来是常还是无常。

如来曾于此《涅槃经》中说：如来就是解脱，解脱就是如来；如来就是涅槃，涅槃就是解脱。此人对于其中的含义不能分辨。又梵行就是如来，如来就是慈、悲、喜、舍，慈、悲、喜、舍就是解脱；解脱就是涅槃，涅槃就是慈、悲、喜、舍。此人对于其中的含义也不能分辨，因此名为智慧不具足。

又其次，不能分辨佛性。佛性就是如来，如来就是一切不共之法，不共之法就是解脱；解脱就是涅槃，涅槃就是不共之法。此人对于其中的含义不能分辨，因此名为智慧不具足。

又其次，不能分辨四谛苦、集、灭、道。因为不能分辨这四种真谛，就不知圣行，不知圣行就不知如来，不知如来就不知解脱，不知解脱就不知涅槃，因此名为智慧不具足。

此人不具有这样的五事，于是就有二种法生起，一是增善法，二是增恶法。为什么名之为增长恶法？因为此人看不到自己的不具足，自称已经具足而生起执着之心，于同行中自以为最胜，因此亲近同意自己的恶友。亲近以后，又还听闻不圆满具足之法，听了以后心生欢喜，其心染着，生起骄慢，多行放逸之事。因为放逸，就亲近在家人，也乐于闻说在家人之事，远离清净出家之法，由此因缘，增长恶法。由于增长恶法，所以身、口、意等起不净之业；由于三业不净，就增长地狱、畜生、饿鬼三恶道。这些名为暂出还没。

暂出还没之人，在我们佛法中有谁呢？这就是提婆达多、瞿伽离比丘、惋手比丘、善星比丘、低舍比丘、满宿比丘、慈地比丘尼、旷野比丘尼、方比丘尼、慢比丘尼、净洁长者、求有优婆塞、舍勒释种、象长者、名称优婆夷、光明优婆夷、难陀优婆夷、军优婆夷、铃优婆夷等，所有这些人名为暂出还没。譬如大鱼，见到光明故出，由于身重故没。

第二种人深深知道自己行不具足。因为行不具足，故力求亲近善友；亲近善友，就乐于听闻具足之法；听后乐于信受；受后乐善思考；善于思考后能如法而住；如法而住后即增长善法；增长善法后，就不再沉没，此名之为住。

这些人在我们佛法中有谁呢？这就是舍利弗、大目犍连、阿若憍陈如等五比丘、耶舍等五比丘、阿那律、童子迦叶、摩诃迦叶、十力迦叶、瘦瞿昙弥比丘尼、波吒罗华比丘尼、胜比丘尼、实义比丘尼、意比丘尼、跋陀比丘尼、净比丘尼、不退转比丘尼、频婆娑罗王、郁伽长者、须达多长者、释摩男、贫须达多、鼠狼长者子、名称长者、具足长者、师子将军、优婆离长者、刀长者、无畏优婆夷、善住优婆夷、爱法优婆夷、勇健优婆夷、天得优婆夷、善生优婆夷、具身优婆夷、牛得优婆夷、旷野优婆夷、摩诃斯那优婆夷，所有这些比丘、比丘尼、优婆塞、优婆夷，都得名为住。

为什么称为住？因为经常乐于见到善光明。由于这一因缘，无论是诸佛出世或不出世，这些人都不造恶业，此名之为住。像低弥鱼一样，乐于见到光明，不沉不没。这些众生也是如此。因此我在经中说偈：

如果有人善能分别此义，以至诚之心求证沙门果；
如果能呵责一切诸有，此人就名之为如法住。
如果能供养无量佛，就能在无量世修道；
如果受了世间之乐不放逸，此人就名之为如法住。
亲近善友听受正法，内心善于思维如法而住；
乐见光明修习佛道，就能获得解脱安稳而住。

善男子！智慧不圆满具足有五事，此人知道以后，即追求、亲近善友。如此亲近善友，就应该观察此人的贪欲、嗔恚、愚痴、思觉等，哪一种偏多。如果知道此人的贪欲最多，就应该为之说不净观法；对嗔恚最多的人，就为之说慈悲之法；对思觉最多的人，就教令数息；对执着我最多的人，就应该为之分析十八界等。

此人闻听以后，就以至诚的心受持；心中受持后，就如法修行；如法修行以后，依次获得四念处，观察身受心法；得到此观以后，依次再观察十二因缘，这样观察以后，就能依次得到暖法。

迦叶菩萨对佛说：世尊！一切众生都有暖法。为什么？因为如佛所说，三法和合，名为众生。三法，即一、寿，二、暖，三、识。如果根据这一道理，一切众生应该先有暖法。为什么如来说这暖法要因善友而生呢？

佛说：善男子！像你所问的暖法，一切众生直至一阐提全都是有的。现在我在这里所说的暖法，则是要通过一定的方法，然后才能获得，是本无今有之法。由此，并非一切众生都是先有的。因而你现在不应该责难说一切众生都有暖法。

善男子！这种暖法，是色界之法，不是欲界所有的。如果说一切众生都有的话，欲界众生也都应该有。因为欲界众生没有，因此应当知道一切众生不必都有。

善男子！色界虽有，但也不是一切众生都有。为什么？因为只有我的弟子有，外道就没有。由于这个道理，因而一切众生不必都有。

善男子！一切外道只是观六种苦行，我的一切弟子则是具足四谛十六行相。此十六行相，一切众生不一定都有。

迦叶菩萨对佛说：世尊！你所说的暖法，为什么称为暖？为自性是暖，还是因为其他原因所以是暖？

佛言：善男子！这一暖法，自性是暖，不是由于其他原因才暖。

迦叶菩萨又说：世尊！如来以前说马师、满宿等没有暖法。为什么？因为他们对于三宝没有信心，所以没有暖法。应当知道信心就是暖法。

佛说：善男子！信心本身不是暖法。为什么？因为是以信心为因而获得暖法的。善男子！所谓暖法，就是智慧。为什么？由于观四谛，所以名之为十六行相，行相就是智慧。善男子！如你所问，是什么因缘，才名为暖？善男子！暖法，就是八圣道的火相，所以名之为暖。

善男子！譬如钻木取火，先有暖气，其次才有火生，最后则有烟出。此无漏道也是如此。暖法，就是十六行相；火，就是须陀洹果；烟，就是修道断结。

迦叶菩萨又对佛说：世尊！这种暖法，是有法，也是有为法。因为此法果报得色界五蕴，因此名之为有。

因为是因缘所生之法，所以又名有为法。既然是有为法，为什么能成为无漏道相呢？

佛说：善男子！是这样的，正如你所说。善男子！这个暖法，虽然是有为法、有法，但是又能够破坏有为法、有法，因此能成为无漏道相。

善男子！譬如人乘马，又爱它，又要鞭策它。暖心也是这样，爱它所以受生，厌恶它所以要观行。因此，虽然暖法是有法、有为法，但能与那正道作相。得到暖法的人，有七十三种，其中欲界十种。此人对于充满的一切烦恼，从断一分到九分。如欲界初禅直至无所有处，也是如此，因而名为七十三种。这些人，得了暖法以后，就不再断善根，作五逆罪，犯四重禁。此人分为二种，一是遇到善友，二是遇到恶友。

遇到恶友，就是暂出还没。遇到善友，就是遍观四方。遍观四方，就是顶法。此法虽然本性还是五蕴，但亦缘于四谛，因此得名遍观四方。得到顶法以后，其次就得忍法。此忍法也是这样，其本性也是五蕴，也缘于四谛。

此人依次得世第一法。此法虽然本性也是五蕴，但也缘于四谛。此人依次得苦法忍。忍的本性是智慧，也缘于一谛。这样，忍法缘一谛以后，直至见断烦恼，得须陀洹果，此名第四遍观四方。四方，就是四谛。

原典

迦叶菩萨白佛言：世尊！如佛先说，须陀洹人所断烦恼，犹如纵广四十里水，其余在者如一毛滞[①]，此中云何说断三结[②]名须陀洹，一者我见，二者非因见因，三者疑网？

世尊！何因缘故名须陀洹遍观四方？复何因缘名须陀洹？复何因缘说须陀洹喻以鳍鱼？

佛言：善男子！须陀洹人虽复能断无量烦恼，此三重故，亦摄一切须陀洹人所断结故。善男子！譬如大王出游巡时，虽有四兵[③]，世人但言王来王去。何以故？世间重故。是三烦恼[④]，亦复如是。

何因缘故，名之为重？一切众生常所起故，微难识故，是故名重。如是三结难可断故，能为一切烦恼因故，是三对治之怨敌故，谓戒、定、慧。善男子！有诸众生闻须陀洹能断如是无量烦恼，则生退心。便作是言：众生云何能断如是无量烦恼？是故如来方便说三。

如汝所问，何因缘故须陀洹人喻观四方？善男子！须陀洹人观于四谛获得四事：一者住坚固道，二者能遍观察，三者能如实见，四者能坏大怨。坚固道者，是须陀洹所有五根无能动者，是故名为住坚固道。能遍观者，悉能呵责内外烦恼。如实见者，即是忍智[⑤]。坏大怨者，谓四颠倒[⑥]。

如汝所问，何因缘故名须陀洹者？善男子！须名无漏[⑦]，陀洹名修习，修习无漏，名须陀洹。善男子！复有须者名流。流有二种：一者顺流，二者逆流。以逆流故，名须陀洹。

迦叶菩萨言：世尊！若从是义，何因缘故，斯陀含人、阿那含人、阿罗汉人，不得名为须陀洹耶？

善男子！从须陀洹乃至诸佛，亦得名为须陀洹。若斯陀含乃至诸佛，无须陀洹，云何得名斯陀含乃至佛？一切众生名有二种：一者旧，二者客。凡夫之时，有世名字，既得道已，更为立名，名须陀洹。以先得故，名须陀洹；以后得故，名斯陀含。是人亦名须陀洹，亦名斯陀含，乃至佛亦复如是。

善男子！流有二种：一者解脱，二者涅槃。一切圣人皆有是二，亦可得名须陀洹，亦名斯陀含，乃至佛亦复如是。

善男子！须陀洹者，亦名菩萨。何以故？菩萨者，即是尽智[⑧]及无生智[⑨]，须陀洹人亦复求索如是二智，是故当知须陀洹人得名菩萨。

须陀洹人亦得名觉。何以故？正觉见道断烦恼故，正觉因果故，正觉共道及不共道故。斯陀含乃至阿罗汉亦复如是。

善男子！是须陀洹凡有二种：一者利根，二者钝根。钝根之人，人天七返[10]。是钝根人复有五种，或有六、五、四、三、二种[11]。利根之人，现在获得须陀洹果至阿罗汉果。

善男子！如汝所问，何因缘故须陀洹人喻以鮨鱼？善男子！鮨鱼有四事：一者骨细故轻，二者有翅故轻，三者乐见光明，四者衔物坚持。须陀洹人亦有四事：言骨细者喻烦恼微，言有翅者喻奢摩他毗婆舍那[12]，乐见光明喻于见道，衔物坚持喻闻如来说无常、苦、无我、不净坚持不舍。

犹如魔王化作佛像，首罗长者见已心惊。魔见长者具心动已，即语长者：我先所说四真谛者，是说不真，今当为汝更说五谛、六阴、十三入、十九界。长者闻已，寻观法相，都无此理，是故坚持其心不动。

迦叶菩萨白佛言：世尊！是须陀洹先得道故，名须陀洹，以初果故，名须陀洹。若先得道名须陀洹者，得苦法忍时，何故不得名须陀洹，乃名为向[13]？若以初果名须陀洹，外道之人先断烦恼至无所有处[14]，修无漏道得阿那含果，何故不名为须陀洹？

善男子！以初果故名须陀洹。如汝所问，外道之人先断烦恼至无所有处，修无漏道得阿那含，何故不名须陀洹者，善男子！以初果故名须陀洹，是人尔时具足八智[15]及十六行。

迦叶言：世尊！得阿那含亦复如是，亦得八智，具十六行，何故不得名须陀洹？

善男子！有漏十六行有二种：一者共，二者不共。无漏十六行亦有二种：一者向果[16]，二者得果[17]。八智亦二：一者向果，二者得果。须陀洹人舍共十六行，得不共十六行；舍向果八智，得得果八智。阿那含人即不如是，是故初果名须陀洹。

善男子！须陀洹人缘于四谛，阿那含人唯缘一谛，是故初果名须陀洹。以是因缘，喻以鳍鱼，遍观已行。行者即是斯陀含人系心修道，为断贪欲、嗔、痴、憍慢。如彼鳍鱼遍观方已，为食故行，行已复住，喻阿那含得食已住。

是阿那含凡有二种：一者现在得阿那含，进修即得阿罗汉果；二者贪着色界、无色界中寂静三昧[18]，是人不受欲界身，故名阿那含。是阿那含复有五种：一者中般涅槃，二者受身般涅槃，三者行般涅槃，四者无行般涅槃，五者上流般涅槃。复有六种，五种如上，加现在般涅槃。复有七种，六种如上，加无色界般涅槃。

行般涅槃复有二种：或受二身，或受四身。若受二身是名利根，若受四身是名钝根。复有二种：一者精进，无自在定[19]；二者懈怠，有自在定。复有二种：一者具精进、定，二者不具是二。

善男子！欲、色众生有二种业：一者作业[20]，二者受生业[21]。中涅槃者，唯有作业，无受生业，是故于中而般涅槃。舍欲界身未至色界，以利根故，于中涅槃，是中涅槃。

阿那含人有四种心：一者非学非无学，二者学，三者无学，四者非学非无学。入于涅槃，云何复名中般涅槃？善男子！是阿那含四种心中，二是涅槃，二非涅槃，是故名为中般涅槃。受身涅槃复有二种：一者作业，二者生业。是人舍欲界身，受色界身，精勤修道，尽其寿命，入于涅槃。

迦叶菩萨言：世尊！若言尽命入涅槃者，云何而言受身涅槃？

佛言：善男子！是人受身，然后乃断三界烦恼，是故名为受身涅槃。善男子！行般涅槃者，常修行道，有为三昧力故，能断烦恼入于涅槃，是名行般涅槃。

无行般涅槃者，是人定知当得涅槃，是故懈怠。亦以有为三昧力故，寿尽则得入于涅槃，是名无行般涅槃。

上流般涅槃者，若有人得第四禅已，是人生于初禅爱心，以是因缘，退生初禅。是有二流：一烦恼流，二者道流。以道流故，是人寿尽生二禅爱，以爱因缘，生于二禅。至第四禅，亦复如是。

是四禅中复有二种：一者入无色界，二者入五净居[22]。如是二人，一乐三昧，二乐智慧。乐智慧者入五净居，乐三昧者入无色界。如是二人，一者修第四禅有五阶差，二者不修。云何为五？下、中、上、上中、上上。修上上者处无小天[23]，修上中者处善见天，修上品者处善可见天[24]，修中品者处无热天，修下品者处少广天[25]。

如是二人，一乐论议，二乐寂静。乐寂静者入无色界，乐论议者处五净居。

复有二种：一者修熏禅[26]，二者不修熏禅。修熏禅者入五净居，不修熏禅者生无色界，尽其寿命而般涅槃，是名上流般涅槃。若欲入于无色界者，即不能修四禅五差。若修四禅五差，则能呵责无色界定。

迦叶菩萨白佛言：世尊！中涅槃者则是利根，若利根者，何不现在入涅槃耶？何故欲界中有中涅槃，色界则无？

佛言：善男子！是人现在四大羸劣，不能修道。虽有比丘四大康健，无有房舍、饮食、衣服、卧具、医药，众缘不具，是故不得现在涅槃。

注释

①**一毛渧**："一毛滴"。比喻为一根毛发所沾的水，

即极少的意思。

②**三结：**一、见结，谓我见；二、戒取结，谓行邪戒；三、疑结，谓怀疑正理。

③**四兵：**亦作“四军”等。为古印度战场上之四种军兵。即一、象兵，每四人组成一队，共护象足；二、马兵，每八人组成一队，共护马足；三、车兵，每十六人组成一队，共护军车；四、步兵，每三十二人组成一队，执持兵杖。

④**三烦恼：**指三结。参注②。

⑤**忍智：**“忍”和“智”的合称。慧心安住于法，叫作“忍”；于境决断，叫作“智”。

⑥**四颠倒：**有二种。一指凡夫之四倒，即常颠倒，认无常为有常；乐颠倒，以苦当作乐；我颠倒，认无我为有我；净颠倒，以不净为净。二指二乘之四倒，即无常颠倒，于涅槃之常而计无常；无乐颠倒，于涅槃之乐而计无乐；无我颠倒，于涅槃之我而计无我；无净颠倒，于涅槃之净而计无净。

⑦**无漏：**谓清净无烦恼的意思。

⑧**尽智：**声闻果十智之第九智，即断尽一切烦恼时所生之自信智。

⑨**无生智：**声闻果十智之第十智，即阿罗汉所有之最极智。谓已断三界之烦恼，证知我身不受生于三界，

故名无生智。

⑩**人天七返**：谓此人于人、天之中七返往来受生。

⑪**六、五、四、三、二种**：谓此人于人、天之中，或有六返往来受生，或有五返往来受生，或有四返、三返、二返往来受生。

⑫**奢摩他毗婆舍那**：“奢摩他”，意译为“止”；“毗婆舍那”，意译为“观”。两者合起来即为“止观”。

⑬**向**：须陀洹向。按有部的见解，苦法智忍是十五心见道中的第一心，属须陀洹向，只有第十六心（道类智）为修道位，属须陀洹果。

⑭**无所有处**：无色界四处之第三处。谓修禅定之人，厌患识无边处，观所缘皆无所有，思维无所有之相，依此行力所生之处，即名“无所有处”。

⑮**八智**：证欲界四谛之智，谓之四法智，有苦法智、集法智、灭法智、道法智。证上二界四谛之智，谓之四类智，有苦类智、集类智、灭类智、道类智。合起来称为八智。

⑯**向果**：向于四果。即须陀洹向、斯陀含向、阿那含向、阿罗汉向。

⑰**得果**：指所得四果。即须陀洹果、斯陀含果、阿那含果、阿罗汉果。

⑱**寂静三昧**：离烦恼（寂）、绝苦患（静）之三昧

（禅定）。

⑲**自在定：**又称“自在三昧”。谓远离烦恼定之执缚，达到自由自在的境界。

⑳**作业：**造作之业。谓思业及由思所起之身、语二业。

㉑**受生业：**众缘和合时受生感果之业。

㉒**五净居：**又称“五净居天”“五净居处”。即色界第四禅天中之五天：无烦天、无热天、善见天、善现天、色究竟天。

㉓**无小天：**色究竟天。

㉔**善可见天：**善现天。

㉕**少广天：**无烦天。

㉖**熏禅：**谓熏习诸禅。指将前一境界进一步熏习纯熟，而开拓自在之境地，达到悉皆通利，转变自在。

译文

迦叶菩萨对佛说：世尊！如佛以前所说，须陀洹人所断烦恼有如纵广四十里水，留下来的犹如一根毛发所沾的水，这里为什么说断灭三结，即一、我见，二、非因见因，三、疑网，名为须陀洹？

世尊！为什么名为须陀洹遍观四方？为什么名为须

陀洹？又为什么将须陀洹比喻为鲭鱼？

佛说：善男子！须陀洹人虽也能断无量烦恼，但因为我见、非因见因、疑网这三结特别重要，所以三结也包括了一切须陀洹人所断之结。善男子！譬如大王出外巡游时，虽然有四种军兵卫护，但是世人只说大王来、大王去。为什么？因为世间之人特别重视大王。此三烦恼也是如此。

为什么名之为重？因为此三烦恼是一切众生经常所起的，其行相又微细难识，因此名之为重。又此三种结极难断灭，能成为一切烦恼生起的原因，是戒、定、慧三对治之怨敌。善男子！有些众生听说须陀洹能断这样无量的烦恼，就生起退却之心。并这样说：众生怎么能断这样多的烦恼？因此如来以善巧的方法说断三结。

还有如你所问，为何将须陀洹人比喻为观四方？善男子！须陀洹人观察四谛能获得四件事：一为住于坚固道，二为能普遍观察，三为能如实见，四为能破坏大怨。所谓坚固道，就是此须陀洹所有的五根，任何力量都不能动摇它，因此名为住坚固道。能普遍观察，就是能普遍呵责内外烦恼。如实见，就是忍智。破坏大怨，就是四颠倒。

如你所问，为何名之为须陀洹？善男子！“须”，名叫无漏；“陀洹”，名为修习；修习无漏，名须陀洹。善男子！还有一种解释："须"，名流。流有二种：一是顺流，二是逆流。因为是逆流，所以名须陀洹。

迦叶菩萨说：世尊！如果是从这种意义上而说，那为什么斯陀含人、阿那含人、阿罗汉人就不能称为须陀洹呢？

佛说：善男子！从须陀洹直至一切诸佛，亦可名之为须陀洹。但如果是斯陀含直至一切诸佛，就不包括须陀洹在内了，怎么能名之为斯陀含直至佛呢？一切众生的名称有二种：一是旧名，二是客名。在凡夫时，有世间的名字，得道以后，又为之立名，名须陀洹。因为是先得之名，所以名须陀洹；而后得之名，即名为斯陀含。此人名须陀洹，也名为斯陀含，直至佛也还是这样。

善男子！流有二种：一是解脱，二是涅槃。一切圣人都有这二种，也可以名为须陀洹，也可以名为斯陀含，直至佛也是如此。

善男子！须陀洹亦名菩萨。为什么？因为菩萨就是尽智及无生智的圣者，而须陀洹人也是求索这二种智，由此可知须陀洹人也得名为菩萨。

须陀洹人又可以名之为觉。为什么？因为正觉见道，能断烦恼，正觉能为因果，正觉有共道及不共道。斯陀含直至阿罗汉也是如此。

善男子！此须陀洹有二种：一为利根，二为钝根。

钝根之人，在人道和天道之间需要七次往返，才能获得须陀洹果至阿罗汉果。此钝根人又可分为五种，或者六次，或者五次，或者四次，或者三次，或者二次往返于人道和天道之间受生的。利根之人则不然，于现在世就能获得须陀洹果至阿罗汉果。

善男子！如你所问，为什么将须陀洹比喻为鮨鱼？善男子！鮨鱼有四种特点：一是骨骼细故很轻，二是有翅膀故很轻，三是乐于见光明，四是衔物坚持不舍。须陀洹也有这四种特点：说骨骼细比喻烦恼极微细，说有翅膀比喻止和观，乐于见光明比喻见道，衔物坚持不舍比喻闻听如来说无常、苦、无我、不净等法坚持不舍。

犹如有魔王化作佛像，而首罗长者见后心生惊惧。魔王见长者心动以后，就对长者说：我以前所说的四种真谛，说法不真实，现在我将为你再说五谛、六蕴、十三入、十九界等。长者听了以后，就仔细观察诸法法相，都没有这个道理，因此坚持其心，毫不动摇。

迦叶菩萨又对佛说：此须陀洹因为先得道，所以名须陀洹，因为得初果，所以名须陀洹。但如果先得道就名须陀洹，那为什么得苦法忍时就不得名为须陀洹，而名之为向（即渐近须陀洹果）呢？如果以得初果就名须陀洹，那为什么外道之人先断烦恼至无所有处，修习无漏道得阿那含果，就不能名为须陀洹呢？

佛说：善男子！因为得初果，所以名为须陀洹。正如你所问的，为什么外道之人先断烦恼至无所有处，修习无漏道得阿那含果，就不能名为须陀洹呢？善男子！因为得初果，所以名须陀洹，这是由于此人在当时已完全具足了八智及十六行。

迦叶菩萨说：世尊！得阿那含果的人也是这样的，也能得八智，具足十六行，而为什么又不能称之为须陀洹呢？

佛说：善男子！有漏法十六行有二：一是共十六行，二是不共十六行。无漏法十六行也有二种：一是向果，二是得果。八智也是二种：一是向果，二是得果。须陀洹人舍弃了共十六行，得到了不共十六行；舍弃了向果八智，得到了得果八智。阿那含人就不是如此，所以初果名为须陀洹。

善男子！须陀洹人缘于四谛，阿那含人只是缘于一谛，因此初果名为须陀洹。也正是出于这些原因，所以将须陀洹人比喻为鲭鱼，遍观已行。行，就是斯陀含人系心修道，是为了断灭贪欲、嗔、痴、骄慢。犹如那鲭鱼一样，普遍观察以后，为寻觅食物故行（系心于修道），行以后身心安住，比喻阿那含得食以后安住。

此阿那含又有二种：一是现在得阿那含，再进一步修习就可以得阿罗汉果；二是贪着色界、无色界中的寂静三昧，因为此人不受欲界之身，所以名为阿那含。此阿那含又有五种：一为中般涅槃，二为受身般涅槃，三为行般涅槃，四为无行般涅槃，五为上流般涅槃。又有六种阿那含，五种如上所述，再加现在般涅槃。又有七种阿那含，六种如上所述，再加无色界般涅槃。

行般涅槃又有二种：或者受二身，或者受四身。如果是受二身，此名为利根；如果是受四身，此名为钝根。行般涅槃又有二种：一为精进，没有自在定；二为懈怠，有自在定。又有二种：一为具有精进和定，二为不具有精进和定。

善男子！欲界、色界的众生有二种业：一为作业，二为受生业。中般涅槃，只有作业，没有受生业，因此于中而般涅槃。舍弃欲界之身，但尚未至色界，因是利根，所以于中涅槃，此即名为中般涅槃。

阿那含人有四种心：一为非学非无学，二为学，三为无学，四为非学非无学。入于涅槃，而为什么还要名为中般涅槃？善男子！此阿那含四种心中，二种是涅槃，二种不是涅槃，因此名为中般涅槃。受身涅槃又有二种：一是作业，二是生业。此人舍欲界之身，受色界之身，精勤修道，直至尽其寿命，入于涅槃。

迦叶菩萨说：世尊！如果说是尽其寿命才入涅槃，那为什么名之为受身涅槃？

佛说：善男子！此人受身后，然后乃断三界烦恼，因此名为受身涅槃。善男子！行般涅槃，因为经常修行佛道，赖有为法的三昧之力，能断烦恼，入于涅槃，因此名行般涅槃。

无行般涅槃，就是此人一定知道将来要得涅槃，因此不再努力。但因为有为法的三昧之力，寿尽后也得以入于涅槃，因此名无行般涅槃。

上流般涅槃，就是如果有人得到第四禅后，此人因为生起初禅的贪爱之心，所以退生初禅。这有二种流：一是烦恼流，二是道流。因为是道流，所以此人寿终之后生起二禅的贪爱之心，由此生于二禅。直至第四禅，也是如此。

此四禅中又有二种：一是入无色界，二是入五净居。这二种人，一是乐于三昧，二是乐于智慧。乐于智慧的人入五净居，乐于三昧的人入无色界。这二种人，第一种人修习第四禅有五个阶次的差别，第二种人不修习这五个阶次。哪五个阶次？即下、中、上、上中、上上。修上上品的人处于无小天，修上中品的人处于善见天，修上品的人处于善可见天，修中品的人处于无热天，修下品的人处于少广天。

这二种人，一是乐于论议，二是乐于寂静。乐于寂静的人入无色界，乐于论议的人处于五净居。

又有二种人：一是修熏禅，二是不修熏禅。修熏禅的人进入五净居，不修熏禅的人生于无色界，寿命终了而般涅槃，此即名为上流般涅槃。如果是想进入无色界，就不能修习四禅的五个阶次。如果要修习四禅的五个阶次，就能呵责无色界的定。

迦叶菩萨问佛说：世尊！中涅槃人就是利根，如果是利根人，为什么不在现在就入于涅槃呢？又为什么在欲界中有中涅槃，色界就没有？

佛说：善男子！此人在现在世四大羸劣，不能修道。虽也有比丘之四大康健，但没有房舍、饮食、衣服、卧具、医药等，由于众缘不具备，因此不得现在涅槃。

源流

《大般涅槃经》在印度流传时，就经历了一个历史发展的过程。从现存的有关文献看，《大般涅槃经》不是一时所出。它有前、后两分，不仅分别流行，而且在流行的时间上也不同。

从汉译本来说，前分由法显于中印度华氏城抄得梵本，返国后于东晋义熙十三年（公元四一七年）在建业（今南京）和佛驮跋陀罗共同译出，题名《大般泥洹经》，凡六卷（相当于四十卷《涅槃经》中的前五品十卷），世称六卷《泥洹》。

同时，昙无谶于北凉玄始三年（公元四一四年）在北凉译出自己从东印度带来的《大涅槃经》前分十卷。后分系昙无谶于于阗寻得，于玄始十年（公元四二一年）译出。昙无谶将前、后二分合在一起，共成三十六卷（后作四十卷）十三品，世称《大本涅槃》。

《大涅槃经》的主题主要是讲佛性问题。但由于前、后分不是一时所出，所以主题虽同，解释却有出入。从前分看，虽然提出了一切众生皆有佛性、皆可成佛的说法，但却认为“一阐提”人除外，他们不能成佛。《大涅槃经》后分的说法则有些变化，认为“一阐提”人也可以成佛。

《大涅槃经》传到中国以来，不仅流传甚广，而且影响极大。当昙无谶所译《大本涅槃》还没有传到江南以前，六卷《泥洹》已先行流布。经中虽肯定一切众生皆有佛性，但“一阐提”却除外。

彭城道生根据全经的基本精神加以推论，认为“一阐提”既是有情，就终究有成佛的可能，不过是由于经文传来得不完全，所以未能见其究竟而已。道生此说一出，激起了人们的不满，群加抨击，甚至采取了戒律上的处分，将他逐出建业。道生即到庐山弘法。

后来北凉昙无谶于公元四二一年译出的四十卷《大般涅槃经》传到建业，经慧观、谢灵运等用法显所译的六卷本《大般涅槃经》作对照，润文改卷，成为三十六卷的《南本涅槃经》。在这一译本中，果然讲到了“一阐提”可以成佛。这证明了道生的预见是正确的，于是大家十分钦佩，认为他是“孤明先发”。

《大般涅槃经》在中国的译传，特别是慧观、谢灵运等将《涅槃经》的两种译本合起来改订成《南本涅槃》之际，在元嘉年间（公元四二四—四五三年），又先后译出了与《涅槃经》性质相类似的经籍。

其中主要有《如来藏经》（东晋佛驮跋陀罗于公元四二〇年译出，一卷。主要内容是举出九种譬喻而说一切众生皆有如来藏性等）、《大法鼓经》（南朝宋求那跋陀罗译，二卷。主要内容是说如来之常、乐、我、净，不般涅槃及一切众生皆有佛性等）等。

这些经籍都是在《大般涅槃经》译传的影响下译出的，其中心内容又都与《大般涅槃经》基本一致，所以人们把它们归为“涅槃经类”。同时，这一类经籍的译出与流传，反过来又进一步推动了《大般涅槃经》的研究。因此，《涅槃经》的讲习，更加风行一时。

《大本涅槃经》在南方流行后，出现了不少涅槃师。道生在庐山精舍讲说此经，是为南方最初的涅槃师。他著《泥洹义疏》，立“善不受报”及“顿悟成佛”义。与他同出罗什门下的慧观，亦讲传《涅槃》，主张渐悟。从此，道生与慧观并称为涅槃学派中的两大系。

道生、慧观以后，南方续出的涅槃师甚多。其中属于道生系统的，宋有宝林、法宝、道猷（攸）、道慈、僧瑾、法瑗，齐有僧宗，梁有法朗等。

此外，尚有直接受传北方之学的涅槃师，宋有慧静、法瑶、昙斌、僧镜、超进；齐有僧钟、法安；梁有宝亮、法云、僧迁等。尚有学系不明的涅槃师，宋有僧含、僧庄、昙济；齐有昙纤、道盛、僧慧；梁有智秀、智顺、僧旻、法会、智藏、慧皎；陈有慧勇、警韶、宝琼等。

在北方，最初的涅槃师是列席昙无谶译场的慧嵩、道朗。此后从北魏起，以传习《涅槃》而知名的有道凭、昙准、道登、昙度、昙无最、圆通、宝象、僧妙、道安等。时地论学者大半兼善涅槃学。地论南道系创始者慧光，曾为《涅槃经》作疏注。其弟子僧范、慧顺、灵询、法上、道慎等，均是与涅槃学有关的人物。

隋代统一中国后，就当时的佛教义学立为“五众”（即五个佛学研究团体），涅槃学居五众的第一位，并先后推定法慈、童真、善胄为涅槃众主。其时，昙延、慧远、道绰、法砺等，均弘传《大般涅槃经》。至唐朝，仍有灵润、道洪等讲说《涅槃》。其后独立讲说弘布此经者日少，终至绝迹。

《大般涅槃经》在中国流传过程中，不仅出现了许多弘传讲习此经的涅槃师，而且陆续出现了一些关于此经的疏释。其中现存的除北魏菩提达磨所译印度世亲造的《涅槃论》一卷和南朝陈真谛所译《涅槃经本有今无偈论》一卷外，早在梁代，就有宝亮等奉梁武帝命，总集此经诸家注，撰成《大般涅槃经集解》七十一卷。其内容为集录诸家有关《南本涅槃经》之说，且随处揭举注家之解说以阐释经文。书中所列注家有道生、僧亮、法瑶、昙济、僧宗、宝亮、智秀、法智、法安、昙准等十余师。为现存《涅槃经》注疏中之最古者。

隋代，净影寺慧远撰有《涅槃经义记》十卷。为《北本涅槃经》之注疏。其内容初揭声闻、菩萨与顿、渐二教之教判，以示本书之立场。次入题号，其下则次第逐文释句。慧远在书中，广集六朝末期诸涅槃学者之说，斟酌损益，而成其一家之注，颇为历代学者所重。

隋吉藏撰有《涅槃经游意》一卷，系以三论宗义为主，对《涅槃经》进行解说的纲要性著作。全书分为六门，即大意、宗旨、释名、辨体、明用、料简。隋代昙延也撰有《涅槃经义疏》十五卷，唐代道宣曾谓本书之内容优于净影寺慧远所撰之《涅槃经义记》。惜本书早已散逸，具体内容已无从窥知。《续高僧传》卷十八和《广弘明集》卷二十五仅存其目。

对后世影响最大的要推隋灌顶所撰的《大般涅槃经玄义》和《大般涅槃经疏》。

《大般涅槃经玄义》二卷，为《涅槃经》注疏中最重要之解说书。卷首为绪论，将涅槃分为别释与通释两类进行解释，而以法身、般若、解脱等三德说明《涅槃经》。同时又将《涅槃经》分为“释名”“释体”“释宗”“释用”“释教”等五科段进行注解。这种“名”“体”“宗”“用”“教”的分科法，原为智顗的独特见解，灌顶继承其师说，以之为本而立论。本书之注疏有智圆撰《涅槃玄义发源机要》四卷，乃根据天台宗之立场解释《涅槃经》之书。

《大般涅槃经疏》，亦称《南本涅槃经疏》，三十三卷。本书系灌顶以天台宗教旨阐释《南本涅槃经》之作，撰于隋大业十年至皇泰二年间（公元六一四—六一九年）。书中随处以《南本涅槃经》与西晋竺法护译《方等般泥洹经》，东晋法显、佛驮跋陀罗共译之《大般泥洹经》，北凉昙无谶译《北本涅槃经》等相互对照，辨其异同。

原书仅有释文十二卷、玄义一卷，书中唯以科句截断经文。其后荆溪湛然再治之，于诸文之下，冠上“私谓”或“私云”等语，以彰显其义，成十五卷。

南宋咸淳八年（公元一二七二年），师正以原疏之科句分别标示于经中。至明万历年中，圆澄更将经文与注疏汇编成《会疏》三十六卷，并制《条个》三卷。然后人对其所作《会疏》颇有贬意，认为是“擅自笔削，混淆泾渭”。

日本守笃本纯重行取十五卷《疏》会入经文，校合诸本，附上注解，共成三十六卷刊行之。因此，本书除三十三卷本外，尚有十五卷本、十八卷本、二十卷本、三十六卷本等诸种版本。

本书的注疏有多种，其中主要有唐行满撰的《大般涅槃经疏私记》十二卷、道暹撰的《大般涅槃经疏私记》九卷，宋智圆撰的《大般涅槃经治定疏科》十卷和《大般涅槃经疏三德指归》二十卷等。

现存的此经注疏尚有唐法宝撰的《大般涅槃经略疏》十五卷、道暹撰的《大般涅槃经玄义文句》二卷，清净挺撰的《大般涅槃经末句偈》一卷，新罗元晓撰的《大般涅槃经宗要》一卷等。

已经逸失的此经注疏有：隋吉藏撰的《大般涅槃经疏》二十卷，唐行满撰的《大般涅槃经音义》一卷，元皓撰的《大般涅槃经天台注》十卷及《科文》十卷，慧沼撰的《大般涅槃经义记》十卷及《科文》一卷，义寂撰的《大般涅槃经义记》五卷、《纲目》二卷，新罗憬兴撰的《大般涅槃经述赞》十四卷、《料简》一卷，太贤撰的《大般涅槃经古迹记》八卷，极太撰的《大般涅槃经疏》六卷等。

除此之外，梁武帝曾撰《涅槃讲疏》和《涅槃义疏》等，分赠扶南国（今柬埔寨）、百济国（今属朝鲜）。

又依此经《四相品》(据《南本涅槃经》),自撰《断酒肉文》,广集僧尼于华林殿前,令光宅寺法云宣讲,为中国僧尼素食之先河。

此经的汉译本,还曾于公元六世纪间转译成突厥语。时有北齐后主(公元五六五—五七六年)命侍人刘世清用突厥语翻《涅槃经》,送突厥可汗。当时的中书侍郎李德林也奉北齐后主之命撰写了一篇序言(《北齐书》卷二十《斛律羌举传》)。此外,《南本涅槃经》全文还被译成英文,流布国外。所有这些,都说明《大般涅槃经》流行之广,影响之大。

解说

《大般涅槃经》的中心思想主要是讲“佛性”问题。所谓“佛性”，原意指的是佛陀的本性，后来发展为成佛的可能性、因性、种子，即众生成佛的原因和根据。这一佛教的基本概念，其含义十分丰富和复杂，并随着中国佛教的发展而不断演变其内容。

从佛学思想发展的历史来看，“佛性”说起源于“心性本净”。所谓“心性本净”，即“性净之心”。也就是说，众生都具有这个“性净之心”，也就都有成佛的可能，所以叫作“佛性”。这样，“佛性”的“性”，就不是指佛陀的“性质”“本性”了，而是扩大为成佛的“原因”和“根据”了。

本来印度的原始佛教和部派佛教，是不讲佛、菩萨以外的人成佛的，所以也不说一切众生悉有佛性。到大乘佛教阶段（严格地说是在中期大乘佛教阶段），就出现了一切众生悉有佛性的经论。其中主要有《大涅槃经》《大法鼓经》《如来藏经》等。而世亲的《佛性论》，也是阐明一切众生悉有佛性的重要理论著作。

《大般涅槃经》是一部阐述佛性思想的重要经典。在此经尚未传入中国以前，东晋的一些著名佛教学者，就自发地提出了一些关于"佛性"的思想。如慧远曾把涅槃常住观念和佛性常住思想相沟通，首先提出了佛性的思想。鸠摩罗什的弟子僧叡作《喻疑论》，肯定一切众生都有佛性，只是由于没有见到经文的根据，所以未能将这一思想作进一步的发挥。

东晋法显译出了《大般泥洹经》，在经文中认定一切众生悉有佛性，但除一阐提（不具信心、断了善根的人）。这是说一阐提不能成佛。

时鸠摩罗什弟子道生在阐发涅槃理论时，孤明先发，不拘泥于《大般泥洹经》的文句，首倡一阐提也有佛性，也能成佛。这一观点曾遭到众僧的攻难，并被逐出建业。

后来昙无谶译出的大本四十卷《大般涅槃经》传到南方，经中提到一阐提也有佛性，也能成佛。于是道生的主张受到僧众的普遍赞扬。

一切众生悉有佛性，都能成佛的理论，在中国受到广大僧众的欢迎，因而《大般涅槃经》也得到了广泛的流行。在道生的倡导下，南北朝时代出现了众多的涅槃师（详见本书《源流》部分），他们都以“佛性”为理论重心，对所谓成佛的原因和根据进行了深入、广泛的探讨，从而推动了佛性说充分的、多方面的展开。

由于《涅槃经》前分、后分说法不同，中国僧人对《涅槃经》中有关“佛性”理论的理解各异，以致各种见解纷出，终于形成了涅槃佛性理论空前繁荣的局面。

早在梁代，宝亮在他的《大般涅槃经集解》中，分佛性义为十余家。到了隋代，吉藏在《大乘玄论》中把以往涅槃师关于佛性意义的说法加以归纳总结，加上他自己赞同的一家，共为十二家。

另外，吉藏的同门慧均（因慧均当过“僧正”，故也简称他为“均正”）著《四论玄义》（现存残本），也讲到各家对佛性不同的主张，认为根本之说三家，枝末之说十家，共计十三家，与吉藏的说法大同小异。另外，元晓撰《涅槃宗要》，说佛性有六师。

吉藏将所举十二家分为三类。

第一类是以人而言佛性，这有两家：

（一）以众生为正因佛性。正因指决定性的因，即众生都能成佛的决定性因素。吉藏举出此家，并未提及其代表人物。据其他材料，可以确定主张此说的代表人物是梁代僧旻。

（二）以六法为佛性。六法指五蕴（色、受、想、行、识）及其假名之人，实际上指的就是众生。故以六法为法性，也就是以众生为佛性。此说的代表人物为梁代涅槃法匠智藏。

第二类是从众生的心上讲佛性，这有五家：

（一）以心（识）为佛性。众生加以扩大为六法，缩小则归结为心。以众生为佛性，也可以说是以心为佛性。这也属于梁代智藏的说法。

（二）以冥传不朽为佛性。这是指识神而言的。因为识神冥传不朽，构成轮回的主体，故以此为佛性。此说的代表人物为法安。

（三）以避苦求乐为佛性。识神在流转过程中，有避苦求乐的作用，是为佛性。此说的代表人物是法云。

（四）以真神为佛性。识神有“性”与“用”两方面，其性是不断的，最终必归于佛教妙果；其用是生灭的，前后相异。真神即识神的本体。以识神的本体为佛性，这是梁武帝萧衍的主张，也是当时流行的说法。

（五）以“阿赖耶识”（含藏一切事物和现象的精神性种子）自性清净心为佛性。这一说法并非涅槃师说，而是后来的地论师和更后一些的摄论师提出来的。如地论师的慧光和门人法上及再传弟子慧远（净影寺），均擅长《涅槃经》，以自性清净心为一切事物和现象缘起的本源。

第三类主张以"理"为佛性，也就是由"境"上成立佛性。这也有五家：

（一）从当果上讲佛性。也就是从将来可以成佛这一点上来说众生具有佛性。此说主要代表人物是道生。

（二）从得佛之理上讲佛性。谓一切众生本有得佛之理，为正因佛性，即因中有得佛之理。此说代表人物是慧令。

（三）以真如为佛性。认为真如是心神之体，是绝于生死、恒常不变的，即以绝对不变的本体为佛性。此说代表人物为梁代涅槃学者宝亮。

（四）从第一义空讲佛性。此为北方涅槃师的共同看法。

（五）以中道为佛性。即以体证非有非无的中道的正智为佛性。这是与昙无谶共译《大般涅槃经》的河西道朗的说法。吉藏认为，前面十一种说法都有缺陷，只有此说为最好。

此外，在佛性问题上由于道生以当果为佛性的主张，又引起了一些佛教学者对佛性究竟是"本有"即本来固有，还是"始有"，即将来而有的问题展开讨论，其后还出现调和的主张，即佛性既是"本有"，亦是"始有”，并不矛盾。

《大般涅槃经》中的佛性思想，在隋唐时期的佛教宗派中继续得到创造性的阐发，成为一些宗派的重要理论部分。

三论宗的创始人吉藏根据般若空观，主张以“理”为佛性，亦即以“中道”为佛性，认为凡是能体证到中道的正智（般若）者都有成佛的可能。

天台宗创始人智顗把佛性分为五种：（1）正因佛性，即一切众生本来具有的三谛三千之理；（2）了因佛性，即观悟佛理所得的智慧；（3）缘因佛性，即能引生智慧之缘的所有善行；（4）果佛性，即达到佛果所具的“智德”；（5）果果佛性，即达到大涅槃断除烦恼的“断德”。

天台宗在这里用佛性来概括理、智、行、果等整个修行成佛的各个环节，带有综合的意义。天台宗还从善恶方面来讲佛性，认为佛和“一阐提”的心中都是善恶染净无所不具的。天台宗九祖湛然为了反对华严宗只承认有情（一切有情识的生物）有佛性的说法，特作《金刚錍》，宣扬山河大地、草木瓦石等无情之物也有佛性的主张，把涅槃佛性说向前推进了一大步。

华严宗四祖澄观，吸取了天台宗的观点，主张佛和众生都有性善、性恶说，但只承认有情有佛性，反对无情识的生物也有佛性的观点，因而受到原来的师父（天台宗九祖湛然）的强烈批驳。

禅宗南宗创始人惠能，主张人人都有佛性。但却认为，佛性就是恒常清净的真如本性，也就是人的本心、本性。众生的佛性没有差别，人人都有恒常清净的佛性。人人的本心都具有菩提的智慧，包含有诸佛和佛理。人们一旦认识本心，就能豁然顿悟而解脱成佛。同时佛性也是派生万事万物的精神实体，一切现象都包含在自性之中。

法相宗创始人玄奘，在印度曾随戒贤一派学习。此派主张五种姓（性）说，即认为众生先天具有的本性有五种，即菩提定姓、独觉定姓、声闻定姓（此三种种姓，一定会相应地达到菩萨或佛、辟支佛和阿罗汉的果位）、三乘不定姓（指具有三乘本有种子，但究竟达到什么果位，还不一定）、无姓有情（永远沉沦苦海，不能解脱成佛）。认为有一种无种姓的人，没有佛性，毕竟不能成佛。

玄奘考虑到《大般涅槃经》的一切众生皆有佛性的思想，已在中国流行，并为大家所接受，在临回国前提出不讲无种姓的人不能成佛的说法，受到戒贤的严厉责备。因此，玄奘回国后仍然介绍戒贤一系的五种姓主张，认为有一种无种姓的人，毕竟不能成佛。

其弟子窥基进一步发展了这种学说，用因位、果位的说法，将无种姓（无姓有情）分为三类：（1）因位虽无成佛之义，但善根相续之后，果位仍可以成佛；（2）因位有可能成佛，但果位不能成佛；（3）毕竟无姓无论因位、果位都不能成佛。

后来窥基的门下慧沼又把佛性区分为两种：（1）理佛性，即不生不灭的法性，一切众生都有；（2）行佛性，即成佛智慧的种子，众生有无不定。这些说法，与天台宗关于涅槃佛性说的主张，形成正面的冲突。

总体来说，在隋唐时期的佛教宗派中，三论、天台、华严、禅宗等宗派，均主张一切众生悉有佛性。其中最具中国特色的，当推禅宗。只有法相一宗，不主张一切众生悉有佛性，提倡五种姓说。

“佛性”问题，即是否一切众生悉有佛性，是否都能成佛的问题，在唐五代以后，理论上已没有什么新的发展了。但是，一切众生悉有佛性的思想，已经深入人心。人们学佛修佛，仍然以成佛为最高目标。

“佛性”问题，在中国佛教发展史上，影响极大。中国佛教各宗派的兴衰，可以说是与对佛性思想的看法有密切的关系。法相宗坚持印度戒贤一系的五种姓说，认为有一种无种姓的人，毕竟不能成佛。因此，它虽在唐代盛极一时，但几传以后即趋向衰落，最后几乎被人们所遗忘。而禅宗，不仅主张一切众生皆有佛性，都能成佛，而且提出了“即心是佛”“见性成佛”的思想，认为人的本心是佛，只要认识自己的本心，就能顿悟成佛。这种简单易行的成佛方法，吸引了广大的信徒。因此，在宋明以后，我国其他各宗派都趋向衰落的情况下，唯有禅宗仍盛行不衰。直到近代，全国绝大多数的佛教寺院，都属于禅宗系统，至今传承不绝。

《大般涅槃经》中所提出的一切众生悉有佛性的思想，长期以来受到佛教学者重视。从南北朝以来，一些著名的佛教学者，几乎无一不对佛性问题表示自己的看法。而隋唐时期的一些主要宗派，又都各有其对于佛性问题的理解和发挥。因此，佛性问题的提出和讨论，在我国佛学思想发展史上，是占有十分重要的地位的。这是由于佛性问题，即一切众生是否都有佛性的问题，它不仅是一个佛学理论问题，而且也是一个与修行实践有密切关系的问题。因为每一个佛教徒，他们学佛、修行的最终目的，就是要获得解脱，达到最高的理想境界——成佛。

因此，一切众生悉有佛性，都能成佛的理论，对广大信徒来说，具有强大的吸引力。这也是《大涅槃经》能在南北朝时期广为流行，佛性问题能够风行一时的主要原因。

除此以外，《大涅槃经》中一切众生悉有佛性，都能成佛的思想，也是与中国固有的传统思想相契合的。中国历史上早有“涂之人可以为禹”“人皆可以为尧舜”等说法，而且这种思想，早已家喻户晓，深入人心。人人都可以成佛和人皆可以为尧舜的思想，从思想体系上说，两者没有多大的区别。这也是一切众生悉有佛性，都能成佛的思想，能为广大信众所接受，从而广为流行的原因之一。

参考书目

1.《涅槃论》 世亲著
2.《涅槃经本有今无偈论》 真谛译
3.《大般涅槃经集解》 宝亮著
4.《涅槃经义记》 慧远著
5.《涅槃经游意》 吉藏著
6.《大般涅槃经玄义》 灌顶著
7.《大般涅槃经疏》 灌顶著
8.《大般涅槃经略疏》 法宝著
9.《大般涅槃经玄义文句》 道暹著
10.《大般涅槃经疏私记》 道暹著
11.《大般涅槃经疏私记》 行满著
12.《大般涅槃经治定疏科》 智圆著
13.《大般涅槃经宗要》 元晓著
14.《印度佛学源流略讲》 吕澂著

出版后记

星云大师说："我童年出家的栖霞寺里面，有一座庄严的藏经楼，楼上收藏佛经，楼下是法堂，平常如同圣地一般，戒备森严，不准亲近一步。后来好不容易有机缘进到藏经楼，见到那些经书，大都是木刻本，既没有分段也没有标点，有如天书，当然我是看不懂的。"大师忧心《大藏经》卷帙浩繁，又藏于深山宝刹，平常百姓只能望藏兴叹；藏海无边，文辞古朴，亦让人望文却步。在大师倡导主持下，集合两岸近百位学者，经五年之努力，终于编修了这部多层次、多角度、全面反映佛教文化的白话精华大藏经——《中国佛教经典宝藏》，将佛教深睿的奥义妙法通俗地再现今世，为现代人提供学佛求法的方便途径。

完整地引进《中国佛教经典宝藏》是我们的夙愿，

三年来，我们组织了简体字版的编审委员会，编订了详细精当的《编辑手册》，吸收了近二十年来佛学研究的新成果，对整套丛书重新编审编校。需要说明的是此次出版将丛书名更改为《中国佛学经典宝藏》。

佛曰：一旦起心动念，也就有了因果。三年的不懈努力，终于功德圆满。一百三十二册，精校精勘，美轮美奂。翰墨书香，融入经藏智慧；典雅庄严，裹沁着玄妙法门。我们相信，大师与经藏的智慧一定能普应于世，济助众生。

东方出版社

图书在版编目（CIP）数据

大般涅槃经 / 高振农 释译 . —北京：东方出版社，2018.11

（中国佛学经典宝藏）

ISBN 978 - 7 - 5060 - 8553 - 3

Ⅰ . ①大… Ⅱ . ①高… Ⅲ . ①大乘—佛经②《大般涅槃经》—注释③《大般涅槃经》—译文 Ⅳ . ① B942.1

中国版本图书馆 CIP 数据核字（2015）第 267828 号

大般涅槃经

（DABO NIEPAN JING）

释 译 者：高振农

责任编辑：王梦楠 杨 灿

出 版：东方出版社

发 行：人民东方出版传媒有限公司

地 址：北京市东城区朝阳门内大街 166 号

邮 编：100010

印 刷：华睿林（天津）印刷有限公司

版 次：2018 年 12 月第 1 版

印 次：2025 年 6 月第 5 次印刷

开 本：880 毫米 ×1230 毫米 1/32

印 张：11.25

字 数：201 千字

书 号：ISBN 978 - 7 - 5060 - 8553 - 3

定 价：58.00 元

发行电话：（010）85924663 85924644 85924641